密にならずに、楽しく学べる

算数・国語アクティビティ 200

SELECT

樋口万太郎・佐藤司 著

フォーラム・A

はじめに

　本書を手にとっていただき、ありがとうございます。

　「算数アクティビティ200」が出版されてから約2年間。この2年の間で、新型コロナウイルス感染症により、これまで出来ていた活動ができなくなったり、GIGAスクール構想の実現にむけて1人1台端末が導入されたりと、大きな変化がありました。

　本書は、そんな大きな変化に対応した「算数アクティビティ200」、「国語アクティビティ200」のベスト版、そして新作のアクティビティを取り入れた「算数・国語アクティビティ200」になります。そのため、本書ではソーシャルディスタンスを意識した、タブレット端末を使用した、オンライン授業でも取り組めるといったアクティビティを多く集めています。

　アクティビティとは、単なるゲームや遊びではありません。単なるゲームや遊びなら、授業で行う必要はありません。休み時間にすればいいでしょう。アクティビティとは、簡単にいえば、

授業で子どもたちが楽しく取り組む活動

のことです。アクティビティは勝敗ではなく、教科に関する力を育てること、教科の学習やねらいに結びついた活動であることを大切にしています。

　本書のアクティビティは

「学ぶ（見る・聞く・書く・考える）
　　　　　　　＋遊び（手を動かす、体を使う、声に出す）
　　　　　　　　　　　＝より深く教科の力が身につく」

というコンセプトのもとに集まった200個になります。

　本書のアクティビティは教師にも、子どもたちにもよさがあります。
　教師にとっては、
　　・すぐに取り組める
　　　（タブレット端末により、さらに準備が早くなることでしょう）
　　・子どもたちの教科の力がアップする
　　・子どもたちの笑顔を見ることができる
　　・子どもたちの心をつかむことができる
　子どもにとっては、
　　・教科の力がつく
　　・楽しく取り組める
という点です。

　本書の200個のアクティビティにより、全国各地の子どもたちの笑顔が増えることを願っています。

樋口万太郎

算数・国語アクティビティ200
SELECTについて

　本書の内容は、「算数アクティビティ200」「国語アクティビティ200」から「密にならない」アクティビティを選び、加筆修正を加えたものです。

　新型コロナウイルス感染症の流行前と後では日常・学校生活がガラリと変わってしまいました。これまでできていた活動も、気軽にしづらい状況です。そんな中でも、本書で紹介したアクティビティなら、楽しく活動して学ぶことができます。

　またGIGAスクール構想も始まり、タブレット端末やオンライン授業といったICTを活用した授業も増えてきます。そこでも、本書では、ICTを使ってもできるアクティビティも紹介しています。これなら、一方通行にならず楽しい活動をすることができます。

　何より子どもが喜び、先生も楽しく取り組んでいただけるものになっています。これからの新しい日常の中で、安心で楽しい学校生活にするため、ぜひご活用ください。

アクティビティを行うときのポイント！
　アクティビティを行うときのポイントを4つ紹介します。

①　まずはアクティビティを行ってみる
　　アクティビティをはじめるときは、ルールが完全に伝わってから行うのではなく、

「今日は、〇〇をするよ」
と宣言し、ルールを簡潔に説明して行ってください。
　　実際に行うことでルールを定着させます。
　　何かうまくいかない場合は、その都度ルールを加えていってください。
　　子どもたちと一緒に、トライ＆エラーを楽しんでください。

②　余韻を残すくらいの時間設定で
　　活動を楽しむ子どもたちを見ると、ついつい時間を延ばしたくなるかもしれません。

その気持ちはよくわかりますが、

余韻を残すくらいの終わり方

を意識してください。そうすると「明日もしたい」「授業が楽しみになった」と思って、授業により興味を持ってくれます。

③ トラブルは成長のきっかけ

　アクティビティを行っていると、子ども同士のトラブルや機器が不調になってしまうことがあります。でも、慌てないでください。子どもが熱心に真剣に取り組んでいる証拠かもしれませんし、不測の事態に対する力がためされているのかもしれません。

トラブルが起こったときは、自身やクラスが成長するきっかけ

と考えてルールを加えるなど、クラスや子どもの実態に合わせて工夫してみてください。

④ 先生が楽しいと思うアクティビティを選び取り組む

　１年生向けに紹介しているアクティビティも、６年生の子どもたちは十分に盛り上がります。

　以前、教師向けのセミナーでアクティビティを行ったとき、参加者が子どもに戻ったように盛り上がりました。これは

大人が楽しいと思うことは、子どもも楽しい

と考えられます。基本的にアクティビティは

既習であれば、どの学年でも取り組める

ように考えています。(例えば、１年生のアクティビティを５年生が取り組む)

　先生ご自身が、「やってみたい」「楽しそう」と感じたアクティビティを選んで取り組んでください。

アレンジしよう！

　本書のポイントの１つは「アレンジ」です。

　紹介したアクティビティは、アレンジを含めて200個ありますが、発見されていないアクティビティはまだまだあります。アレンジ次第でさらに増える可能性があるということです。

ルールや数値をアレンジして取り組む

ことで、アレンジは広がります。

　みなさんの学級の子どもの実態にあわせて、数値やルールをアレンジしてみてください。「どうやったら、もっと楽しくなると思う」と子どもと考えてもいいかもしれません。

本書の使い方

① 領域名

どの領域で実施するのが有効かを示しています。

② 学年

対象となる学年を表示しています。

③ タブレットOK NEW

ICTやオンラインを使って、安全に行えることを示しています。※

④ アクティビティ名と番号

アクティビティの名前です。番号は1から200までの通し番号となっています。

⑤ 人数・場所・時間・準備物

実施するときの目安となる情報を示しています。目安となる「人数」「時間」「準備物」、好ましい「場所」を示しています。

⑥ めあて／（学習へのつながり）

ねらいとなる力を示しています。どんな力を育てることができるのかがわかります。
また、どう学習につなげるかを示しています。

⑦ タイミング

アクティビティを行うのに好ましいタイミングを示しています。

⑧ 進め方

進め方と声かけの例をのせています。進めるときの参考にしてください。

⑨ ワンポイント

アクティビティを行うときの大事なポイントや、注意する点をのせています。

⑩ アレンジ

本書の特徴ともいえるポイントです。基本の形にアレンジを加えることにより飽きさせず、取り組むことができます。

⑪ 教師の目

アクティビティを行っているときの「教師の」動き方、言葉かけ、評価のポイントをのせています。教科としての取り組みとするためのポイントと、安全面の配慮を示しています。

※メインのアクティビティを基本としています。

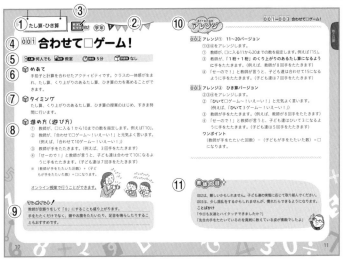

第 1 章

数 と 計 算

001 合わせて□ゲーム！

人数 何人でも　**場所** 教室　**時間** 5分　**準備物** なし

めあて

手拍子と計算を合わせたアクティビティです。クラスの一体感が生まれ、たし算、くり上がりのあるたし算、ひき算の力を高めることができます。

タイミング

たし算、くり上がりのあるたし算、ひき算の授業のはじめ、すきま時間に行います。

進め方（遊び方）

① 教師が、□に入る1から10までの数を指定します。例えば「10」。

② 教師が、「合わせて□ゲーム〜！いえーい！」と元気よく言います。（例えば、「合わせて10ゲーム〜！いえーい！」）

③ 教師が手をたたきます。（例えば、3回手をたたきます）

④ 「せーので！」と教師が言うと、子ども達は合わせて10になるように手をたたきます。（子ども達は7回手をたたきます）

※ （教師が手をたたいた回数）＋（子どもが手をたたいた数）＝□になります。

<u>オンライン授業で行うことができます。</u>

ワンポイント！

教師が空振りをして「0」にすることも盛り上がります。

手をたたくだけでなく、頭やお腹をたたいたり、足音を鳴らしたりすることもおすすめです。

数と計算

|0|0|2| アレンジ① 11〜20バージョン

①③④をアレンジします。

① 教師が、□に入る11から20までの数を指定します。例えば「15」。

③ 教師が、「1桁＋1桁」のくり上がりのあるたし算になるように手をたたきます。（例えば、教師が8回手をたたきます）

④ 「せーので！」と教師が言うと、子ども達は合わせて15になるように手をたたきます。（子ども達は7回手をたたきます）

|0|0|3| アレンジ② ひき算バージョン

②③④をアレンジします。

② 「**ひいて□ゲーム〜！いえーい！**」と元気よく言います。
（例えば、「**ひいて3ゲーム〜！いえーい！**」）

③ 教師が手をたたきます。（例えば、教師が8回手をたたきます）

④ 「せーので！」と教師が言うと、子ども達はひいて3になるように手をたたきます。（子ども達は5回手をたたきます）

ワンポイント

（教師が手をたたいた回数）−（子どもが手をたたいた数）＝□
になります。

002は、難しいかもしれません。子ども達の実態に応じて取り組んでください。
003は、少し混乱をするかもしれませんが、慣れたらできるようになります。

ことばかけ

「今日も友達とハイタッチできましたか?」

「先生の手をたたいているのを真剣に数えている姿が素敵でしたよ」

学年 1 2 3 4 5 6

004 たし算タイムアタック

人数 何人でも ┃ 場所 教室 ┃ 時間 5〜10分 ┃ 準備物 ストップウォッチ たし算カード

めあて

たし算の力を高めることができます。

タイミング

たし算、くり上がりのあるたし算の授業のはじめ、授業の終わり、すきま時間に行います。

進め方（遊び方）

① 授業で使う（作った）たし算カード（くり上がりなし）を、すべて重ねます。

② 教師の「よーい、スタート」のかけ声と同時に、たし算カードをめくり答えを言います。

③ すべてのカードの答えを言えたら、「はい！」と大きな声で手をあげます。

④ 教師がタイムを言い、そのタイムをノートなどにメモしておきます。

ワンポイント！

人とタイムを競うというよりも昨日の自分のタイムと競争させ、何秒早くなったのかを競わせます。

カードの枚数は子ども達の実態に応じて、教師が決めてもよいです。

005 アレンジ①　くり上がりのあるたし算バージョン

①をアレンジします。

①　授業で使う（作った）たし算カード（くり上がりあり）をすべて重ねます。

006 アレンジ②　すべてのたし算バージョン

①をアレンジします。

①　授業で使う（作った）たし算カード（くり上がりなし・くり上がりあり）をすべて重ねます。

007 アレンジ③　制限時間内バージョン

②をアレンジします。

②　制限時間内でどれだけ多くたし算カード（くり上がりなし）をめくることができるのか、枚数を競います。

ワンポイント

最初は1分からスタートします。慣れてきたら制限時間を短くしていきます。10秒など、とても短くしても盛り上がります。

008 アレンジ④　制限時間内＋くり上がりのあるたし算バージョン

②をアレンジします。

②　制限時間内でどれだけ多くたし算カード（くり上がりあり）をめくることができるのか、枚数を競います。

009 アレンジ⑤　制限時間内＋すべてのたし算バージョン

②をアレンジします。

②　制限時間内にどれだけ多くたし算カード（くり上がりなし・くり上がりあり）をめくることができたか、枚数を競います。

昨日よりも少しでもタイムや枚数が伸びた子をほめてあげましょう。そうすることで、周りの子もより頑張ろうとすることでしょう。

010 ひき算タイムアタック

人数 何人でも ┃ 場所 教室 ┃ 時間 5〜10分 ┃ 準備物 ストップウォッチ ひき算カード

めあて

ひき算の力を高めることができます。

タイミング

ひき算、くり下がりのあるひき算の授業のはじめ、授業の終わり、すきま時間に行います。

進め方（遊び方）

① 授業で使う（作った）ひき算カード（くり下がりなし）をすべて重ねます。

② 教師の「よーい、スタート」のかけ声と同時に、ひき算カードをめくり答えを言います。

③ すべてのカードの答えを言えたら、「はい！」と大きな声で手をあげます。

④ 教師がタイムを言い、そのタイムをノートなどにメモしておきます。

ワンポイント！

たし算タイムアタックのひき算バージョンです。

人とタイムを競うというよりも昨日の自分のタイムと競争させ、何秒早くなったのかを競わせます。

カードの枚数は子ども達の実態に応じて、教師が決めてもよいです。

011 **アレンジ①　くり下がりのあるひき算バージョン**

①をアレンジします。

① 授業で使う（作った）ひき算カード（くり下がりあり）をすべて重ねます。

012 **アレンジ②　すべてのひき算バージョン**

①をアレンジします。

① 授業で使う（作った）ひき算カード（くり下がりなし・くり下がりあり）をすべて重ねます。

013 **アレンジ③　制限時間内バージョン**

②をアレンジします。

② 制限時間内でどれだけ多くひき算カード（くり下がりなし）をめくることができるのか、枚数を競います。

ワンポイント

最初は1分からスタートします。慣れてきたら制限時間を短くしていきます。10秒など、とても短くしても盛り上がります。

014 **アレンジ④　制限時間内＋くり下がりのあるひき算バージョン**

②をアレンジします。

② 制限時間内でどれだけ多くひき算カード（くり下がりあり）をめくることができるのか、枚数を競います。

015 **アレンジ⑤　制限時間内＋すべてのひき算バージョン**

②をアレンジします。

② 制限時間内にどれだけ多くひき算カード（くり下がりなし・くり下がりあり）をめくることができるのか、枚数を競います。

たし算タイムアタックのタイムよりはどの子も遅くなることでしょう。しかし、毎日続けることで、タイムが伸びていきます。

016 たし算・ひき算タイムアタック

| 人数 何人でも | 場所 教室 | 時間 5～10分 | 準備物 ストップウォッチ たし算カード、ひき算カード |

めあて

たし算・ひき算の力を高めることができます。

タイミング

たし算、くり上がりのあるたし算、ひき算、くり下がりのあるひき算の授業のはじめ、授業の終わり、すきま時間に行います。

進め方（遊び方）

① 計算カード（たし算・ひき算をシャッフル）をすべて重ねます。

② 計算カードをめくり答えを言い、すべてのカードの答えを何秒で言えたかを競います。

//

017 アレンジ① 制限時間内バージョン

②をアレンジします。

② 制限時間内でどれだけ多くカードをめくることができたかを競います。

ワンポイント！

たし算タイムアタック、ひき算タイムアタックのミックスバージョンです。最初はカードの枚数を制限して行うことをおすすめします。

このアクティビティは難しいですが毎日続けることで、タイムが伸びていきます。その難しさを乗り越えようと子ども達も取り組むことでしょう。

018 回文式を探せ！

👤人数 何人でも　📍場所 教室　⏱時間 3分　📦準備物 なし

🎲 めあて

「しんぶんし」というように、上から読んでも下から読んでも同じになるものを回文と言います。それの式バージョンです。数感覚を養うことができます。

🎲 タイミング

2桁×2桁のかけ算を学習後の授業のはじめに行います。

🎲 進め方（遊び方）

① 回文式のルールを説明する。

（例）24×63 = 36×42

【ルール】

＝の後ろに逆から書いていき、24×63と36×42の答えが一緒の時に回文式が成立します。

② 制限時間内でできる限り多くの回文式を見つけます。

解答例

12×63 = 36×21

41×28 = 82×14

見つけた回文式をタブレットに表示して、見せ合うことができます。

24×15 = 51×42
はできないなー

何かきまりは
ないかな？

他にはどんな
式ができるかな？

うーん…

🎲 ワンポイント！

子ども達の試行錯誤をしている時に書いた式などは、消さずに置いておくようにしましょう。

019 10のかたまりを探せ

人数 何人でも　場所 教室　時間 1分　準備物 4×4マス表
またはノート

📦 めあて
10のかたまりをすぐに探すことができるようになります。

📦 タイミング
くり上がりのあるたし算、くり下がりのあるひき算の授業のはじめに
行います。

📦 進め方（遊び方）
①　4×4マス表を配ります。

（もしくは4×4マスをノートに書かせ、数を教師が示します）

②　制限時間1分で、数をたして10のかたまりを見つけます。

1度使った数は使えません。

数は3つまで選択することができます。

③　制限時間後に、どこに10があったのかを確認します。

<u>4×4マス表をタブレットで配信して、タブレット上で取り組むこと
ができます。</u>

6	5	1	4
4	1	6	3
2	3	2	7
4	5	2	3

ワンポイント！
くり上がりのあるたし算、くり下がりのあるひき算で10を探すのはとても大
切です。そのための練習になります。これらの単元の時に多く取り組みま
しょう。慣れてきたらマスの数を増やしたり、制限時間を短くしたりします。

arrange アレンジ

020 アレンジ①　ひき算バージョン

②をアレンジします。

②　制限時間１分で、数をひいて10のかたまりを見つけます。
１度使った数は使えません。
数は３つまで選択することができます。

16	7	7	17
6	17	8	3
5	2	11	13
15	14	2	13

教師の目

ノートの代わりにタブレットで行うこともできます。
１年生の学習で10のかたまりを見つけることは、とても大切なことです。一目見て、すぐに「ここに10のかたまりがある！」と気づけるように数を変え、何度も何度も取り組むことが大切です。

ことばかけ

「10を見つけるのが早くなってきましたね」
「10をすぐに見つけることはこれからの学習でとても大切だからね。」

021 しりとり計算

人数 何人でも	場所 教室	時間 5分	準備物 4×4マス表 またはノート

めあて

たし算、ひき算の力を高めることができます。

タイミング

たし算・ひき算の学習を終えた後、授業のはじめに行います。

進め方（遊び方）

① 4×4マス表を配ります。

（もしくは4×4マスをノートに書かせ、数を教師が示します）

② 制限時間5分以内に

3 + 2 = 5、5 + 3 = 8、8 − 2 = 6

といったようにしりとりのようにつなげ、すべてのマスを1つの

線でひくことができたらオッケー。

③ 制限時間になるか、すべての数に線をひけたら終わります。

4×4マス表をタブレットで配信して、タブレット上で取り組むこと

ができます。

3	2	9	1
2	7	7	2
5	2	9	3
3	8	2	6

数字でしりとり

ワンポイント！

慣れてきたらマスの数を増やしたり、制限時間を減らしたりします。

0 2 2 アレンジ① 空欄バージョン

②③をアレンジします。

② 制限時間5分以内に

$3 + 2 = 5$ 、 $5 + 3 = 8$ 、 $8 - 2 = 6$

といったように、しりとりになるように空欄に数を書きます。

③ 制限時間になるか、すべて埋めることができたら終わりです。

3	2	9	1
2	7	7	2
5	2	9	3
3	8	2	6

1人で取り組むことが難しい子は、グループで協力して取り組ませましょう。タブレットを用いるとより安心です。

答えからどんな式ができるのかを想像させながら取り組ませます。マスの中に線をひいたり、数を書いたり試行錯誤をしている様子を見ておき、子ども達を価値づけます。

「一生懸命にマスの中に線をひいたり、数を書いたりしている様子を見ました。よく頑張っていたね。」

「どんなことが難しかったかな〜」

「難しかったことを、友達にアドバイスをしてあげよう。」

023 式が見つかるかな

👤人数 何人でも	🚩場所 教室	⏱時間 1分	📦準備物 3×3マス表 またはノート

📦 めあて

たし算・かけ算の力を高めることができます。

📦 タイミング

たし算やかけ算の学習をしている授業のはじめに行います。

📦 進め方（遊び方）

① 3×3マス表を配ります。

（もしくは3×3マスをノートに書かせ、数を教師が示します）

② 制限時間内で3×3マスの中から式を探します。

ただし、9個の数をすべて使わないといけません。

3×3マス表をタブレットで配信して、タブレット上で取り組むことができます。

3	2	9
3	6	7
5	2	5

5 + 2 = 7、3 + 2 = 5、3 + 6 = 9

4	2	8
6	5	7
9	2	1

4 + 2 = 6、8 + 1 = 9、5 + 2 = 7

ワンポイント！

縦、横、斜めや、数がとびとびになってもいいことを伝えておきます。

数と計算

024 アレンジ①　かけ算バージョン

②をアレンジします。

② 制限時間内で3×3マスの中から、かけ算の式になるように探します。ただし、9個の数をすべて使わないといけません。

3	3	12
2	6	24
4	6	9

$3 \times 3 = 9$、$2 \times 6 = 12$、$4 \times 6 = 24$

5	8	7
2	5	24
25	3	14

$5 \times 5 = 25$、$7 \times 2 = 14$、$8 \times 3 = 24$

慣れてきたら5×5マスのようにマスの数を増やしていきましょう。すぐに解けた子には、何も書いていないマスの表を渡し、問題を作らせても構いません。

子ども達はパズルのように試行錯誤をしながら、考えることでしょう。そういった様子を価値づけていきましょう。

ことばかけ

「今日もしっかり考えることができましたね！」

「問題を作ってみようという子はいませんか？問題を作ってくれたら、それをみんなで解いてみるよ！」

「今日は難しかったけど、よく頑張ったね！」

025 たてよこ10

人数 何人でも ┃ 場所 教室 ┃ 時間 5分 ┃ 準備物 4×4マス表またはノート

めあて

10の合成・分解について考える力を養うことができる。

タイミング

くり上がりのあるたし算を学習する前に、重点的に行うとより効果的です。

進め方（遊び方）

① 4×4マス表を配ります。

（もしくは4×4マスをノートに書かせ、数を教師が示します）

② 制限時間内に縦、横それぞれの列がたして10になるように空欄に数を書きます。

③ 制限時間になるか、すべてのマスに数が書けたら終わりです。

④ 答え合わせをします。

4×4マス表をタブレットで配信して、タブレット上で取り組むことができます。

1	1	3	5
2	4	1	3
2	2	5	1
5	3	1	1

えーと 足して10だから…

ワンポイント！

斜めで10にしようと考える子がいますが、このアクティビティはあくまで縦と横です。間違えている子には、すぐにアドバイスをしましょう。時間は1分以内で設定しましょう。

0 2 6　アレンジ①　穴埋め算バージョン

いわゆる穴埋め算です。

②をアレンジします。

②　制限時間内に①～④にどんな数が入るのかを考えます。

8	①	②
③	4	7
④	9	20

8 + ① = ②　　①＝5

② + 7 = 20　　②＝13

8 + ③ = ④　　③＝3

④ + 9 = 20　　④＝11

教師の目

026は、くり上がりやくり下がりの学習が終わった後に行います。

子どもの実態に応じて空欄の数を減らしても構いません。

逆に慣れてきたら、空欄を増やして難易度をあげましょう。すぐに解けた子には、何も書いていない9マスの表を渡し、問題を作らせても構いません。

ことばかけ

「そんなに早く10を見つけることができるようになったの！」

「明日はもっと早く見つけることができるかな。」

かけ算	タブレットOK!	学年	

027 かけて□ゲーム！

人数 何人でも	場所 教室	時間 5分	準備物 なし

めあて

手拍子と計算を合わせたアクティビティです。クラスの一体感が生まれ、かけ算の力を高めることができます。

タイミング

かけ算の学習中、学習後の授業のはじめに行います。

進め方（遊び方）

① 教師が、□に入る1から81までの数を指定します。例えば「10」。

② 教師が、「かけて□ゲーム！いえーい！」と元気よく言います。
（例えば、「かけて10ゲーム！いえーい！」）

③ 教師が手をたたきます。（例えば、2回手をたたきます）

④ 「せーので！」と教師が言うと、子ども達はかけて10になるように手をたたきます。（子ども達は5回手をたたきます）

⑤ 成功したら、みんなでガッツポーズ。

※ （教師が手をたたいた回数）×
（子どもが手をたたいた数）＝
□になります。

オンライン上でも取り組むことができます。

ワンポイント！

「001 合わせて□ゲーム！」のルールと基本的には一緒です。
教師が空振りをして「0」にすることも盛り上がります。手をたたくだけでなく、頭やお腹をたたいたり、足音を鳴らしたりすることもおすすめです。

わり算　　タブレット OK!　学年　

028 わって□ゲーム！

| 👤人数 何人でも | 📍場所 教室 | ⏱時間 5分 | 📦準備物 なし |

📦 めあて

手拍子と計算を合わせたアクティビティです。一体感が生まれ、わり算の力を高めることができます。

📦 タイミング

わり算の学習中、学習後の授業のはじめに行います。

📦 進め方（遊び方）

① 教師が、□に入る1から9までの数を指定します。例えば「5」。

② 教師が、「わって□ゲーム！いえーい！」と元気よく言います。（例えば、「わって5ゲーム！いえーい！」）

③ 教師が手をたたきます。（例えば、10回手をたたきます）

④ 「せーので！」と教師が言うと、子ども達はわって5になるように手をたたきます。（子ども達は2回手をたたきます）

⑤ 成功したら、みんなでガッツポーズ。

※ （教師が手をたたいた回数）÷（子どもが手をたたいた数）＝□になります。

<u>オンライン上でも取り組むことができます。</u>

ワンポイント！

「001　合わせて□ゲーム！」のルールと基本的には一緒です。
ここでは、九九の範囲内のわり算を紹介しました。何度もくり返すことで、わり算の暗算ができるようになります。

数と計算

029 かけ算タイムアタック

| 人数 何人でも | 場所 教室 | 時間 5分 | 準備物 九九表 ストップウォッチ |

🔲 めあて

九九を早く、正確に言えるようになります。

🔲 タイミング

九九を学習中（学習した段から）、または九九を学習した後の授業の
はじめに行います。

🔲 進め方（遊び方）

① 九九表が必要な人には、九九表を用意して配ります。

② 「よーい、スタート」と同時に、1×1から9×9までの九九を
言っていきます。

③ すべての九九が言えたら、「はい！」と大きな声で手をあげます。

④ 教師がタイムを言い、そのタイムをノートなどにメモしておきます。

ワンポイント！

九九表が必要でない子は、なしで取り組ませても構いません。

030 アレンジ①　9×9から1×1まで逆に言っていくバージョン

②をアレンジします。

②　「よーい、スタート」と同時に、9×9から1×1までの九九を言っていきます。

031 アレンジ②　超簡単バージョン

②をアレンジします。

②　「よーい、スタート」と同時に、□の段を言っていきます。

ワンポイント

最初は1つの段から取り組みますが、慣れてくると段の数を増やします。これで九九が苦手な子も取り組むことができます。

032 アレンジ③　超簡単バージョンの逆から言うバージョン

②をアレンジします。

②　「よーい、スタート」と同時に、□の段を逆から言っていきます。

033 アレンジ④　段をランダムに言っていく激ムズバージョン

②をアレンジします。

②　「よーい、スタート」と同時に、先生が指定した段の順番に言っていきます。例えば、「2→4→9→7→3→8→5→6」の段の順に言いましょう。

人とタイムを競うことも良いですが、それよりも前回の自分のタイムと競争させ、何秒早くなったのかを競わせるようにします。前回のタイムより少しでも速くなっていたら価値づけてあげましょう。

かけ算　 　学年 1 2 3 4 5 6

034 九九マス計算表

人数 何人でも　場所 教室　時間 3分　準備物 九九マス表　ストップウォッチ

めあて

九九を暗記し、早く、正確に言えるようになります。

タイミング

九九を学習中（学習した段から）、または九九を学習した後の授業の
はじめに行います。

進め方（遊び方）

① 九九マス表を配ります。

② 「よーい、スタート」と同時に、九九マス表に答えを書いていき
ます。

③ すべて書けたら、「はい！」と大きな声で手をあげます。

④ 教師がタイムを言い、そのタイムを九九マス表にメモしておきます。

⑤ 3分たったら、できていなくても終了します。

⑥ 教師が答えを言い、答え合わせをします。

九九マス表をタブレットで配信して、タブレット上で取り組むことが
できます。

九九マス表

×	1	2	3	4	5	6	7	8	9
1									
2									
3									
4									
5									
6									
7									
8									
9									

035 アレンジ① 九九マス表をアレンジバージョン

かける数、かけられる数の**どちらかを空白にしたもの**を配り、ランダムに1〜9をそれぞれに書かせて、取り組みます。

ワンポイント

難易度が上がります。このアレンジでは、一人ひとり違った配列の九九マス表になります。答えあわせは、九九表を見ながら一人ひとりにさせましょう。

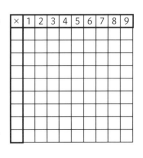

036 アレンジ② 九九マス表のランダムフルバージョン

かける数、かけられる数の**両方を空白にしたもの**を配り、かける数、かけられる数のところにランダムに1〜9をそれぞれに書かせて、取り組みます。

ワンポイント

より難易度が上がります。子ども達の実態に応じて、取り組むかは決めましょう。

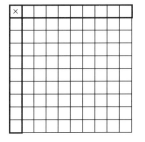

タイムを競うこともよいですが、それよりも前回の自分のタイムと競争させ、何秒早くなったのかを競わせるようにします。取り組むたびにタイムは短くなっていきます。しかし、いつかタイムが伸びない停滞期がやってきます。そんな時に、035・036のアレンジバージョンを行い、そして034に戻ると、タイムが速くなることもあります。

037 100のまとまりを探せ！〜かけ算〜

人数 何人でも	場所 教室	時間 2分	準備物 4×4マス表 またはノート

めあて

100、200、300といった100の倍数をすぐに見つけることができます。

タイミング

4年「式と計算の順序」を学習する授業のはじめに行います。

進め方（遊び方）

① 4×4マス表を配ります。

（もしくは4×4マスをノートに書かせ、数を教師が示します）

② 制限時間内で、数（3つ以上でも構いません）をかけてできる
答えが100になるものを見つけます。

③ どこに100があったのかを確認します。

<u>4×4マス表をタブレットで配信して、タブレット上で取り組むこと
ができます。</u>

25	4	17	2
13	30	16	5
10	10	13	2
12	5	7	5

他はどこに
あるかな？

ワンポイント！

慣れてきたらマスの数を増やしたり、隣の子どもとタブレットで交流して
取り組むと盛り上がります。

数は隣同士でなくても構いません。

038 アレンジ① 100以外の数にするバージョン

②③をアレンジします。

② 制限時間内で、数（３つ以上でも構いません）をかけてできる
答えが100、200、300などの□００になるものを見つけます。

③ どこに□００があったのかを確認します。

ワンポイント

□には１〜９までを入れ、100、200といったキリのいい数値に
します。

039 アレンジ② かけ算・たし算・ひき算が混ざったバージョン

②をアレンジします。

② 制限時間内で、数（３つ以上でも構いません）をかけたり、
たし算したり、ひき算したりして、答えが100になるものを見
つけます。

ワンポイント

（13＋7）×5のように（ ）を使っても構いません。

25	4	17	2
103	3	99	1
9	10	13	12
1	5	7	25

教師の目

「式と計算の順序」の単元では、「100」を見つけることがポイントの
１つです。何度もこのアクティビティに取り組むことで、すぐに100
を見つけることができるようになります。

040 1〜100までカウントアップ

人数 何人でも	場所 教室	時間 5分	準備物 ストップウォッチ 1〜100までの数表

めあて

1〜100までの数に慣れ親しみます。

タイミング

1〜100までの大きな数を学習した後、授業のはじめ、すきま時間に行います。

進め方（遊び方）

① 全員、立ちます。

② 「用意、スタート」の合図とともに1から100までの数を言い始めます。

③ 100まで言えたら、大きな声で「はい！」と言い、手をあげます。

④ 教師がタイムを言い、そのタイムを聞いたら座ります。

<u>オンライン上でも取り組むことができます。</u>

ワンポイント！

人と競うというよりもこれまでの自分と競わせます。

1〜100までの数表を用意しておいて、必要な子には渡してあげましょう。

34

041 アレンジ① 100から1までを何秒で言えるか競うバージョン

②③をアレンジします。

② 「用意、スタート」の合図とともに100から1までの数を数えます。

③ 1まで言えたら、大きな声で「はい！」と言い、手をあげます。

042 アレンジ② 1～100まで○とびバージョン

②をアレンジします。

② 「用意、スタート」の合図とともに1から100まで、○とびで
数を言い始めます。
例えば、2とびや5とび。

2、4、6…

5、10、15…

教師の目

042は、逆のカウントダウンバージョンのアクティビティもありますが、さすがにこれは難しいです。もし余裕があれば、取り組んでみてください。最初は1～20、1～30までといったように子ども達の実態に応じて少ない数で取り組むのでもオッケーです。

043 計算ビンゴ

| 人数 何人でも | 場所 教室 | 時間 5〜10分 | 準備物 5×5マス表またはノート |

めあて

たし算・ひき算・かけ算・わり算の力を高めることができます。

タイミング

授業のはじめやお楽しみ会に行います。

進め方（遊び方）

① 5×5マス表を配ります。

（もしくは、5×5マスをノートに書かせます）

② それぞれで1から25までの数を自由にマスの中に書きます。

③ 教師が指定した数になるように、2つの「数」を使って式を作ります。

（例えば、16と指定した時には、2×8、1＋15、1×16、18－2などの式を作ります）

④ 式で使った数のマスにチェックを入れます。

（例えば、「2」と「8」を消します）

⑤ ③と④をくり返して縦・横・斜めいずれか一列がビンゴになった人が勝ちです。

<u>5×5マス表をタブレットで配信して、タブレット上で取り組むことができます。</u>

044 アレンジ①　カードをひいて計算バージョン

準備物　5×5マス表もしくはノート

　　　　1から10の数カードを2セット、＋・－・×・÷のカード

②③④をアレンジします。

②　それぞれが5×5マスに1から100までの数を自由に書きます。

③　教師が1から10の数カードを2枚ひき、また＋・－・×・÷の
　　カードから1枚ひきます。（カードはすべて裏返しておく）

④　ひいたカードを計算し、その答えがあれば5×5マス表の数を
　　消します。
　　（例）8・7・×をひいたときには
　　　　　8×7＝56

ワンポイント

　　ひき算、わり算の場合は大きい数－小さい数、大きい数÷小さい
　　数で行います。

　　わり算であまりがある場合、あまりは数えません。

　　子ども達に1枚ずつカードをひかせても盛り上がりますが時間
　　がかかるので、時間に余裕があるときは子どもにひかせ、それ
　　以外は教師の方でひきましょう。

とても頭を使うアクティビティです。1度使ったら、その数は使えないため、
どのように使用していくのか戦略的になります。そのため盛り上がります。
ビンゴとアクティビティの名前についているため、お楽しみ会などで行って
も盛り上がります。その時に景品があるとより盛り上がります。景品は社会
見学などにいった時に余ったものなどを活用しましょう。新たに買う
必要はありません。景品と言うだけで子ども達は盛り上がります。

たし算・ひき算・かけ算・わり算

タブレットOK!

学年 1 2 3 4 5 6

045 4を4つ使って！

| 人数 何人でも | 場所 教室 | 時間 5分 | 準備物 ノート |

めあて

たし算・ひき算・かけ算・わり算の力を高めることができます。

タイミング

授業のはじめや、すきま時間に行います。

進め方（遊び方）

① 制限時間内に4を4回、＋・－・×・÷・（ ）を使って、1〜9を作ります。

② 制限時間内で、答えが1〜9になる式をいくつ作れるか挑戦します。

解答例

$4 + 4 \div 4 - 1 = 1$

$4 \div 4 + 4 \div 4 = 2$

$(4 + 4 + 4) \div 4 = 3$

$(4 - 4) \times 4 + 4 = 4$

$(4 + 4 \times 4) \div 4 = 5$

$(4 + 4) \div 4 + 4 = 6$

$4 + 4 - 4 \div 4 = 7$

$4 \times 4 - 4 - 4 = 8$

$4 + 4 + 4 \div 4 = 9$

作った式をタブレット上で発表することができます。

4+4+4+4＝16か...
これだとできないな〜
(4-4)+4+4＝8
になるか

ワンポイント！

＋・－・×・÷・（ ）はすべて使わなくても構いません。

ペアで取り組ませてもよいです。

数と計算

0 4 6 アレンジ①　1～9を作るバージョン

①をアレンジします。

① 制限時間5分以内に3を4回、＋・－・×・÷・（ ）を使って、1～9を作ります。

ワンポイント

一度に1～9をすべて行うのではなく、1日1つに取り組みます。

0 4 7 アレンジ②　□に1～9の内4つの数を使って1～9を作るバージョン

①をアレンジします。

① □には1～9のどれかを入れます。＋・－・×・÷・（ ）を使い、1～9を作ります。

ワンポイント

どの数を入れるかは教師が決定しても構いません。子ども達が考えてもよいでしょう。隣の子同士で問題を交換することも盛り上がります。

> □には1～9
> □ □ □ □＝9

0 4 8 アレンジ③　1～9の内4つの数を使って10を作るバージョン

①をアレンジします。

① □には1～9のどれかを入れます。＋・－・×・÷・（ ）を使い、10を作ります。

教師の目

1～9までの数を作ることができない場合もあるでしょう。このアクティビティも試行錯誤をしていることに価値があります。考えた式などはノートに残しておくといいでしょう。

ことばかけ

「試行錯誤しながら取り組んでいた姿が素晴らしいです！」

049 ダウトを探せ！

| 人数 | 何人でも | 場所 | 教室 | 時間 | 5分 | 準備物 | なし |

めあて

倍数・約数についての力・理解を深めることができます。

タイミング

倍数・約数についてそれぞれ学習をした後、授業のはじめに行います。

進め方（遊び方）

ルールを説明します。

教師が「○の倍数」を言って、○の倍数を次々と言います。教師が○の倍数以外の数を言ったとき、子どもは「ダウト！」と言います。

（例えば、4の倍数のとき「9」）

① 教師が「○の倍数」の数を指定します。

（例えば、「2」）

② 教師が倍数を言っていきます。

（例えば、2、4、6……）

③ 倍数以外の数を言ったら「ダウト！」

（例えば、17で「ダウト！」）

（例）2の倍数なら

T「2」　C「…………」

T「6」　C「…………」

T「17」　C「ダウト！」

オンライン上で行うことができます。ダウトのときに、チャットでダウトと打ちます。

ワンポイント！

教師が数を言うスピードを早めたり、遅くしたりしても盛り上がります。

050 アレンジ① 約数バージョン

①②③をアレンジします。倍数が約数になります。

ルールを説明します。

教師が「○の約数」を言って○の約数を次々と言います。教師が○の約数以外の数を言ったとき、子どもは「ダウト！」と言います。

（例えば、8の約数のとき「3」）

① 教師が「○の約数」の数を指定します。（例えば「8」）

② 教師が約数を言っていきます。（例えば、2、4、5……）

③ 約数以外の数を言ったら「ダウト！」（例えば、7で「ダウト！」）

051 アレンジ② ペアで行うバージョン

①②をアレンジします。

① 2人組になります。

「○の倍数」の数を決めます。（または、○の約数）

② どちらか1人が倍数を言っていきます。

052 アレンジ③ グループで行うバージョン

①②をアレンジします。

① グループ（3～6人）になります。（グループ内で取り組みます）

「○の倍数」の数を決めます。（または○の約数）

② 1人ずつ倍数を言っていきます。

教師の目 ♢

子どもの実態によっては、いきなりアクティビティを行うのではなく、自分のノートに○の倍数を書かせたのちに行ってもいいかもしれません。最初は○の倍数、○の約数といってもスラスラ出てこなかった子たちもアクティビティを何度も行うことで、スラスラ言えるようになります。

ことばかけ

「昨日よりもダウトを言うスピードが上がったんじゃない？」

053 大きいほうに、ホイ！

| 人数 何人でも | 場所 教室 | 時間 10分 | 準備物 なし |

📦 めあて

不等号の大小の意味を理解します。

📦 タイミング

不等号についての学習を終えた後、授業のはじめに行います。

📦 進め方（遊び方）

① 子どもたちは立って、バンザイの姿勢をします。

② 教師が「大きいほうに、ホイ！」と言いながら、（電子）黒板に
2つの数字を見せます。
（例えば、326と325など）

③ 子どもたちは、大きい数字の方へ広げた手を向けます。
（自分が不等号になったつもりで、体を左右に傾けます）

④ 答え合わせをして、大きい方に傾けていたらOK。

ワンポイント！

教師がテンポよく「大きいほうへ、ホイ！」と2つの数を提示すると、子どもたちはリズムよく左右へ体を傾けるので、より楽しんで取り組めます。

0 5 4 アレンジ①　かくしてホイ

②をアレンジします。

②　教師が「大きいほうに、ホイ！」と言いながら、（電子）黒板
　　に十の位をかくした2つの数字を見せます。

　　（例えば、3〇1と392など）

ワンポイント

　「隠れていても分かる」数を見せて、位に注目させます。

0 5 5 アレンジ②　小数でホイ

5年生の小数のかけ算で行います。

②をアレンジします。

②　教師が「大きいほうに、ホイ！」と言いながら、（電子）黒板
　　に小数のかけ算の式を2つ見せます。

　　（例えば、5×0.999と6×1.001など）

ワンポイント

　かける数とかけられる数の大きさについての理解度を深めます。

大なり小なり、右開き左開きは、言葉にさせるのは大変です。そこで自分が
不等号になり体を使って理解度を深めます。055は5年生でもけっこう迷っ
てゆらゆらします。

 タブレット OK!　 学年 1 2 3 4 5 6

056 九九表ビンゴ

人数 何人でも　場所 教室　時間 5～10分　準備物 3×3マス表、ノート ハサミ、九九表

めあて
九九に慣れ親しみ、九九のきまりに気づくことができます。

タイミング
九九を学習し終わった後、授業のはじめに行います。

進め方（遊び方）
① 　3×3マス表を配ります。
② 　配られた3×3マス表のマスに九九の答えを書いていきます。
　　（同じ数は1回しか使えません）
③ 　九九の答えを教師がランダムに言っていきます。
④ 　教師が言った九九の答えがマスの中にあれば、そのマスにチェックを入れていきます。
⑤ 　縦か横か斜めでそろったら、ビンゴと言います。
<u>3×3マス表をタブレットで配信して、タブレット上で取り組むことができます。</u>

 アレンジ

///

057 アレンジ①　九九表から、3×3を切り取るというバージョン
　　①②をアレンジします。
　　①② 　九九表を配り、九九表から3×3をハサミで切り取らせます。

ワンポイント！
②で、九九の答えを書けない子のために九九表を用意しておきます。

44

第 **2** 章

測 定

058 宝箱はどこ?

| 人数 何人でも | 場所 教室 | 時間 5分 | 準備物 5×5マス表 またはノート |

めあて

横に○、縦に□という表現で場所を表すことができます。

タイミング

ものの位置を学習中、学習した後、算数の授業のはじめに行います。

進め方 (遊び方)

① 黒板に、5×5マス表（大きめ）を掲示します。

② 子ども達に、5×5マス表を配ります。

③ 代表を1人決めて、その子がマス目上のどこに宝物を隠すか決めます。

（どこに隠すかは、自分の表に書いてふせておきます）

④ その子に、どこに隠したか質問します。
質問は6つまでです。
質問に対しては、「はい」か「いいえ」
でしか答えられません。

⑤ 6つの質問後に、宝箱の場所を
予想しマス表に書きます。
（横に○、縦に□）

⑥ どこに隠したか発表します。

5×5マス表をタブレットで配信して、タブレット上で取り組むことができます。

ワンポイント！

「横の3・4・5にありますか？」のように数を複数使うことはできません。

059 アレンジ①　簡単な１年生バージョン

アレンジします。

① 黒板に10マス表（１列10マス）を掲示します。

② 代表を１人決めて、その子がマス目上のどこに宝箱を隠すか決めます。

（どこに隠すかは、紙に書いてふせておきます）

③ その子にどこに隠したか質問します。質問は３つまでです。
質問に対しては、「はい」か「いいえ」でしか答えられません。

④ 質問後に、宝箱の場所を予想します。
（前から△番目、後ろから□番目）

⑤ どこに隠したか発表します。
（例えば、前から３番目、後ろから８番目）

		宝箱							

このアクティビティでは、「縦○」といった表現ではなく、子ども達から出る表現を使用していきましょう。子ども達の表現は、はじめ未熟だったり、あいまいなものだったりするかもしれませんが、構いません。そういった子ども達なりの表現を積み重ねていくことで、「縦○」という表現を知った時にその便利さにより気づくことができるでしょう。

ことばかけ

「だれの質問がわかりやすかった？」

「どんな質問をすればいいかな？」

060 （　）を体でぴったんこカンカン！

| 👤 人数 ペア | 🚩 場所 教室 | ⏰ 時間 5分 | 📦 準備物 1 mものさし |

📦 めあて

長さの感覚を育てたり、ものさしで測定する力を育てます。

📦 タイミング

長さを学習中、学習後の授業のはじめに行います。

📦 進め方（遊び方）

（　　　）には○mが入ります。

①　2人組になります。

②　教師が「○mを作ってください」と伝えます。

③　1人が言われた○mを時間内で体を使って表現します。

④　相手の子が測定し、○mに近い人が勝ちです。

　　（どちらの子も表現できるようにします）

1m

口から
下までです

ワンポイント！

最初はm単位で行います。3mなどと少し長い距離にすると友達と協力して取り組めます。

0~062 ( )を体でぴったんこカンカン!

061 アレンジ① cm バージョン

②③④をアレンジします。

② 教師が○cmと宣言します。

③ 1人が言われた○cmを時間内で体を使って表現します。

④ 相手の子が測定し、○cmに近い人が勝ちです。

（くり返して、どちらも行います）

062 アレンジ② ○m□cm バージョン

②③④をアレンジします。

② 教師が○m□cmと宣言します。

③ 1人が言われた○m□cmを時間内で体を使って表現します。

④ 相手の子が測定し、○m□cmに近い人が勝ちです。

（くり返して、どちらも行います）

ワンポイント

cmの方は10cm単位の方が測定しやすいです。1mものさしで測定するのではなく、紙テープなどで長さを作っておくとよいでしょう。

「何cmを測ります」「この長さは何cmですか」と、ただ問題を与えられるより、このアクティビティの方が楽しいでしょう。アクティビティの中で何度も測定をするので、測定する力も養うことができます。

2人組で測定するときに、少しずつ距離を長くしたり、短くしたりしてしまう子がいるかもしれません。「秋元さん、ずるい！！」と言う子がいるかもしれません。「どうして秋元さん、そんなことをするの？」と叱るのではなく、「そんなことを気にせずやってみよう！」と楽しい雰囲気で行っていきたいです。

測定

063 何パーセントでしょう

人数 何人でも ｜ **場所** 教室 ｜ **時間** 10分 ｜ **準備物** なし

📦 めあて

割合についての力・理解を深めることができます。

📦 タイミング

割合について学習をした後、授業のはじめに行います。

📦 進め方（遊び方）

① クラス全員に聞く質問を、1人1つ募集します。

「はい」か「いいえ」で答えられる質問がよいです。

（例えば「朝ごはんはパンでしたか」など）

② 教師は集まった質問から1つ選び、発表します。

③ 子どもは、クラスの何パーセントが手を挙げるか予想します。

④ 教師が「せーの」と言い、挙手させます。

⑤ 手が挙がった人数を集計し、何パーセントか確認します。

（例えば、「20人中16人だから、80パーセント」）

⑥ 予想した割合に一番近い人の勝ちです。

⑦ ②から⑥を、くり返します。

50パーセントだね

ワンポイント！

何パーセントかを自分たちで求める時間をしっかり設けるようにします。

064 タイムストップ

| 人数 何人でも | 場所 教室 | 時間 10分 | 準備物 タブレット |

めあて
時計に慣れ親しむことができる。

タイミング
秒について学習した後、授業のはじめに行います。

進め方(遊び方)
① タブレット上のストップウォッチをモニターに映し出しておきます。
② 30秒を目指し、代表者が無言で数えます。
③ 他の子は顔を伏せておきます。代表者がストップと言い、タイムを止めます。
④ ストップという声と同時に顔をあげ、30秒との差を言います。

ワンポイント!
30秒ではなく1分に設定しても盛り上がることでしょう。

④で言うのではなく、タブレットに差を書き出してもよいでしょう。

第 3 章

図 形

065 折り紙を切り取って！

| 人数 何人でも | 場所 教室 | 時間 5〜10分 | 準備物 折り紙（人数分） ハサミ |

めあて

線対称、点対称、線対称かつ点対称な図形を作ることができます。

タイミング

線対称、点対称、線対称かつ点対称な図形を学習中、学習した後の授業のはじめに行います。

進め方（遊び方）

① 折り紙を配ります。

② 制限時間内に最低1回は折って、ハサミで自由に直線・曲線を切り取ります。

③ 折り紙を広げて、線対称になっているか確認します。

④ 友達と作品を交流します。

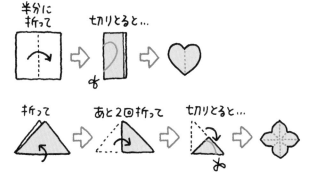

ワンポイント！

画用紙などの台紙にはれば、そのまま教室の掲示物にもなります。一石二鳥のアクティビティです。

066 アレンジ① 点対称な形バージョン

②をアレンジします。

② 制限時間内に最低１回は折って、点対称の図形になるように
ハサミで切り取ります。

ワンポイント

時間は10分程度かかります。鉛筆で線を描きたい子がいるかも
しれません。もちろん下書きしても構いません。また失敗する
子もいることでしょう。予備の折り紙をたくさん用意しておき
ます。何度も失敗することが、成功への近道かもしれません。

067 アレンジ② 線対称かつ点対称な形バージョン

②をアレンジします。

② 制限時間内に最低１回は折って、線対称かつ点対称な形の図
形になるようにハサミで切り取ります。

065→066→067といくにつれて難しくなっていくアクティビティです。実
は065や066をしているときに、067にある「線対称かつ点対称」な形を作
り出している可能性があります。身の回りには線対称、点対称、線対称かつ
点対称のものはたくさんあります。そんなことにも気がついて欲しいアク
ティビティです。

ことばかけ

「(　　　　)な図形を切り取るためのコツは何かな?」

「身の回りで(　　　　)な図形はないかな?」

「身の回りで(　　　　)な図形を探してみよう!」

※(　)には線対称、点対称、線対称かつ点対称のどれかが入ります。

068 図形で福笑い！

人数 何人でも ┃ 場所 教室 ┃ 時間 5〜10分 ┃ 準備物 福笑いの顔、三角・四角・丸の紙を各3枚

めあて

様々な図形に慣れ親しむことができます。

タイミング

図形の学習を終えた後や、3学期開始1週目（冬休み明け）に行います。

進め方（遊び方）

目や口や鼻になる様々な形の図形の紙を置きます。

（どの図形をどこにおくかは自由です）

① 福笑いの顔の型紙を用意します。

② 挑戦する子どもに、ハンカチもしくはタオルなどで目隠しをします。

③ 紙を置くときは、どこに何の図形をおくかを宣言してから行っていきます。「三角の目を置きます」など。

　周りは声出しでサポートします。

④ 全部置けたら、「できた！」と言い、目隠しをとります。

⑤ できた作品を見て、楽しみます。

ワンポイント！

お正月の定番の遊び「福笑い」のルールと一緒です。

使う図形は、事前に印刷し、子ども達に切らせましょう。教師の方で切り取っておく必要はありません。切り取ることも図形に慣れ親しむことにつながります。

069 アレンジ① 準備物となる図形を増やして行うバージョン

4年生もしくは図形の描き方を学習した後や5年生では、正方形、長方形、台形、平行四辺形、五角形、六角形などを追加して行うことができます。追加した中で何を使うのかを選択させても構いません。

ワンポイント

図形の作図を学習した後であれば、使う図形を自分で描かせてから取り組ませます。それぞれが描くため、図形の大きさも変わりますが、図形の大きさが変わることでより盛り上がることでしょう。

鼻に置くよ！

目を隠されているため、図形を手で触り、図形の特徴を考えながらどこに配置をしようか無意識に考えることでしょう。アクティビティを通して、図形に慣れ親しむことができます。

ことばかけ

「どうして、○○を目（鼻、口）にしたのかな？」

「どんなことを考えながらしたのかな？」

角とその大きさ

070 ○度を体で表現しよう

人数 何人でも　場所 教室　時間 3～5分　準備物 教師用分度器

🔲 めあて
角の大きさに慣れ親しみます。

🔲 タイミング
角の大きさを学習しているときの授業のはじめに行います。

🔲 進め方（遊び方）

① 教師が「○○度を体で表現しましょう」と伝えます。

② 時間内に体を使って、「○○度」を表現します。

③ 教師用分度器で測定します。

ワンポイント！
指定する角度は、30度、60度といった10度単位がよいです。
全員が一度にすると時間がかかるため、代表で数人に表現させても構いません。それを子どもが測定しても盛り上がります。

教師の目 ✧

頭で240度は180度より大きいとわかっていても、なかなか上の考え方を使えない子がいます。アクティビティの中で180～360度の角を指定して、何度も取り組ませることで、イメージを持たせることができます。

第4章

トピック

トピック

学年 1 2 3 4 5 6

0 7 1 サイコロトーク

👤人数 グループ 　🚩場所 教室 　⏰時間 5〜10分 　📦準備物 サイコロ（グループ分）、メニュー表

📦めあて
学習したことを説明することができます。

📦タイミング
通常の授業のはじめ、テスト実施前に行います。

📦進め方（遊び方）
① グループ（3〜6人）になり、サイコロを配ります。
　 （グループ内で取り組みます）
② 順番を決めて、サイコロを振ります。
③ 黒板に掲示しているメニュー表（サイコロの目の数）を見て、お題について30秒で説明します。

（例）5年面積

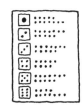

1　図形について
2　台形の面積の求め方について
3　平行四辺形の面積の求め方について
4　三角形の面積の求め方について
5　この単元で大切なポイントだと思うことについて
6　この単元で難しいところ

何がでるかな？

ワンポイント！
メニュー表は、その単元で取り組んできた大切な考え方や公式などをメニューにしましょう。どうしても教科書やノートを見たい人は見てもいいようにします。

072 まちがえている答えはどれ?

人数 何人でも　　場所 教室　　時間 5分　　準備物 プリント

めあて
間違えている答えを見つけることができます。

タイミング
授業のはじめに行います。

進め方（遊び方）
① 10問の計算問題が載っているプリントを用意しておきます。
プリントには式や答えがすでに書かれています。
しかし、いくつかは間違えている答えを書いておきます。

② プリントを配り、どの答えを間違えているのかを探し、間違いを
見つけます。

③ みんなで、どこがどのように間違えていたのかを交流します。

ワンポイント！
慣れてきたら、子ども達に問題を作らせたプリントに取り組むとより盛り
上がります。

073 板書の写真を並び替えよう！

| 人数 何人でも | 場所 教室 | 時間 5分 | 準備物 単元の毎時間の板書写真 |

めあて

単元を通してのふり返りができます。

タイミング

単元末の授業に行います。

進め方（遊び方）

① 単元の板書がランダムに並んでいるプリントを配ります。

② 学習順に並び替えます。

③ どのように並び替えたのかを交流します。

データを子どもに送り、タブレットで行うことができます。

ワンポイント！

板書ごとに、番号を振っておきます。

黒板に貼るものは大きく印刷して、掲示します。

単元の終わりに取り組むとこれまでの学習をふり返ったり、既習のつながりを考えたり、単元を通しての大切なことが見えたりすることがあります。

トピック

タブレットOK! 学年 1 2 3 4 5 6

0 7 4 ふり返りビンゴ！

👤 **人数** 何人でも　　📐 **場所** 教室　　⏱ **時間** 10分　　📦 **準備物** ノート

📦 めあて
学期で学習したことをふり返ることができます。

📦 タイミング
学期末の終わりの授業に行います。

📦 進め方 (遊び方)
① その学期で学習したこと (用語や公式など) を黒板に書き出します。

② 3×3 (もしくは 5×5) マスを算数ノートに書き、マスに自由に用語や公式を書かせます。

③ そして教師が学習したことをランダムに読み上げます。

④ 縦・横・斜めのいずれか一列が読み上げられたら、ビンゴ。

<u>3×3 マス表をタブレットで配信して、タブレット上で取り組むことができます。</u>

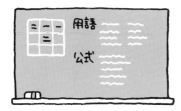 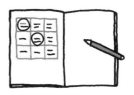

ワンポイント！
「どんなことを学習した？」「こんなことをしたよね〜」と子ども達とふり返りながら、学習したことを書き出すととてもよいです。

075 板書まちがい探し！

👤 **人数** 何人でも 🚩 **場所** 教室 ⏱ **時間** 5分 📦 **準備物** なし

📦 めあて
前時の学習をふり返ることができます。

📦 タイミング
授業のはじめに行います。

📦 進め方（遊び方）
① 教師が黒板に昨日の学習の復習したことについて書きます。
　 ただし1か所だけ間違えて書きます。
② 書いているときは子ども達は目をつむらせるか、机にふせさせて
　 おきます。
③ 書けたら、目を開けさせ、どこが間違えているのかがわかった人
　 から手をあげます。
④ 間違いを発表し、みんなで共有します。

ワンポイント！
最初はだれもが見つけることができる間違いからスタートします。間違え
ている所を増やすことでより盛り上がります。

076 アレンジ①　授業の終わりのバージョン

①③をアレンジします。

①　授業の終わりに１時間書いてきた板書の中を１か所間違えて
　　いることに書き換えます。

③　間違いがわかったら答えを言わず静かに手をあげます。

ワンポイント

　まとめのところや大切なところなどを書き換えると印象づける
ことができます。

077 アレンジ②　穴抜きバージョン

①をアレンジします。

①　１時間書いてきた板書の中で、数か所消して、（　　　　）を書
　　きます。

ワンポイント

　慣れてきたら、子ども達に教師役をさせてもよいです。

　（　　）に番号を振り、ノートに書かせてもよいです。

078 アレンジ③　076＆077ミックスバージョン

①をアレンジします。

①　１時間書いてきた板書の中で、数か所消して、間違えている
　　ことや（　　　　）を書きます。

ワンポイント

　この時はあまり数が多くなりすぎないように気をつけます。

授業をふり返ることはとても大切なことです。しかし、子ども達の中にはふ
り返りというと文を書かされるというイメージがある子がいます。こ
のアクティビティでは、楽しく学習をふり返ることができます。

079 5・7・5ふり返り！

| 人数 何人でも | 場所 教室 | 時間 5分 | 準備物 ノート |

めあて

ふり返りを書くことができます。

タイミング

授業の終盤に行います。

進め方（遊び方）

①　今日の学習内容について、五・七・五でまとめます。

②　まとめたふり返りを交流します。

まとめたふり返りをタブレット上で提出します。提出したものをみんなで見ながら、交流することができます。

ワンポイント！

最初に取り組むときには、例を示して取り組むようにします。

（例）三角形　３つのかきかた　覚えよう

授業の最初や終わりに共有することで、ふり返ることができたり、「やっぱりその考え方は大切だったんだ」と実感することができます。

トピック

0 8 0 ツイートふり返り！
1 2 3 4 5 6

トピック

タブレットOK! 学年 1 2 3 4 5 6

0 8 0 ツイートふり返り！

人数 何人でも　**場所** 教室　**時間** 5分　**準備物** ノート

🔲 めあて
ふり返りを書くことができます。

🔲 タイミング
授業の終盤に行います。

🔲 進め方（遊び方）
① 今日の学習内容について、ツイート形式（140字以内）でまとめ
　 させます。
② まとめたふり返りを交流します。
まとめたふり返りをタブレット上で提出します。提出したものをみん
なで見ながら、交流することができます。

140字は案外
少ないぞ…
「算数授業」で
4文字…

思っているよりも140字を少なく感じる子がいるかもしれません。ふり返り
を書くことが苦手な子もいます。そういった子には音声でふり返りを言わせ
てから書かせると取り組みやすくなります。
大切なのは140字以内ということです。少ない分には構いません。50字でも
構いません。

081 お休みの子へお手紙ふり返り

人数 何人でも ｜ 場所 教室 ｜ 時間 5〜15分 ｜ 準備物 手紙

めあて

手紙でふり返りを書くことができます。

タイミング

授業の終盤に行います。

進め方（遊び方）

「お休みの子へ今日の学習内容を伝えてあげよう」と設定を説明します。

① お休みの子ども用の手紙を配布します。

② 実際に書いてみます。

③ みんなで交流します。

<u>手紙をタブレットで作成します。</u>
<u>作成したものをタブレット上で提</u>
<u>出し、みんなで見ながら交流する</u>
<u>ことができます。</u>

ワンポイント！

実際にお休みの子がいても・いなくても関係なく取り組みます。
書けた子から交流していきます。次の時間のはじめに交流すると、前時の
復習にもなります。

教師の目

実際にお休みの子どもがいた場合にはその子に読んでもらい、評価をしても
らえたらよりいいでしょう。他者からの評価、しかも友達からの評価はより
主体的になれるチャンスです。

082 ふり返りキャッチフレーズ

人数 何人でも　場所 教室　時間 5分　準備物 ノート

めあて
短くふり返りを書くことができます。

タイミング
授業の終盤に行います。

進め方 (遊び方)
① 授業の終わりに今日の学習内容について、大切だと思う考え方などを一言でまとめさせます。

② 全体で交流し、1番キャッチーなフレーズのものをクラスの代表作品とします。

ふり返りをタブレットで作成します。作成したものをタブレット上で提出し、みんなで見ながら交流することができます。

底辺でしょ！

ここの名前は？

ワンポイント！
クラスの代表作品は、書いて記録しておきます。そして、次の時間の授業のはじめにふり返るとより有効です。

一言でわかる言葉を目指します。何度も取り組み、交流していくことで短いキャッチフレーズを作れるようになります。

トピック

タブレットOK!

学年 1 2 3 4 5 6

083 #ハッシュタグふり返り

人数 何人でも　**場所** 教室　**時間** 5分　**準備物** ノート

めあて

短くふり返りを書くことができます。

タイミング

授業の終盤に行います。

進め方（遊び方）

①　授業の終わりに、今日の学習内容について、大切だと思う考え方などを一言、短くまとめさせます。

②　書くときには、一言の先頭に#をつけます。

(例)　#底辺×高さ÷2

　　　#四角形を作ってみる

　　　#10のかたまりを作る

　　　#さくらんぼ計算

③　みんなで共有します。

まとめたものをタブレット上で提出します。提出したものをみんなで見ながら、交流することができます。

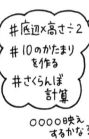

#底辺×高さ÷2
#10のかたまりを作る
#さくらんぼ計算

○○○○映えするかな?

ワンポイント!

最初に導入するときには、次のように伝えるとわかりやすいです。

インターネット上（SNS）では、#（ハッシュタグ）というのが使われています。この#を使うことで伝えたいことを、整理しやすく、みんなに伝えやすくなります。

勉強でも大切だと思う考え方・内容などを一言で表せるとよいです。

084 筆談トーク

| 👤 人数 ペア | 🚩 場所 教室 | ⏱ 時間 5〜10分 | 📦 準備物 紙 |

📦 めあて
学習のふり返りができる。

📦 タイミング
授業の終盤に行います。

📦 進め方（遊び方）
① 2人組になり、向かい合わせに座ります。
② 今日の学習のまとめについて、2人で話をせずに筆談で対話をします。
③ 筆談した紙を使い、どんなことを書いたのかを交流します。

し ——— ん...

ワンポイント！
最初はテーマを与えて取り組ませた方が子ども達も取り組みやすいです。

トピック

0 8 5 （　　　　　　　　）書き！

人数 何人でも ｜ 場所 教室 ｜ 時間 5分 ｜ 準備物 なし

めあて
公式や用語などを意識したり、覚えたりすることができます。

タイミング
授業のはじめ、授業の終わりに行います。

進め方（遊び方）
① 教師が、「今から○○書きをします。「○○○」を空に大きく書きましょう」と伝えます。（例えば、「三角形の面積」）
② 「せーので」と言われたら、空に大きく○○○を書きます。
※何回も行っても構いません。

教師の目 ✧

算数では公式や用語などがたくさんでてきます。覚えることがたくさんあります。ノートにただ書くだけでなく、○○書きをすることで意識づけることができるかもしれません。そして、これで覚えることができるかもしれません。
○○には、逆の手書き、頭描き、へそ描き、尻描きなどのバージョンがあります。楽しく取り組みましょう。

トピック

086 ○×算数クイズ

人数 何人でも　**場所** 教室　**時間** 5分　**準備物** 教科書、ノート

📦 めあて

学習した内容や前単元の内容がわかります。

📦 タイミング

授業のはじめに行います。

📦 進め方（遊び方）

① 教師が教科書から問題を言います。

（例えば、「台形の面積の求め方は（底辺＋高さ）÷5である」）

② 「せーので」と言われたら、頭の上に大きく○か×を出します。

③ 教師が正解を言います。

せーの！

まる〜　　バツ〜

ワンポイント！

×の場合は正しい答えを子ども達に言わせます。

×の問題はめちゃくちゃの内容の方がより盛り上がります。

087 説明タイムアタック

人数 何人でも 　場所 教室 　時間 5分 　準備物 ストップウォッチ

めあて
用語などを説明することができます。

タイミング
普段の授業や単元末の授業のはじめに行います。

進め方（遊び方）
① 今日のお題（例えば「三角形の面積の求め方」）を30秒ぴったりになるように説明をするように伝えます。
② 説明する内容を1人で考えます。
③ 実際にみんなの前に立って、お題について説明をします。
④ タイムの結果発表をします。

ワンポイント！
タイムは④で発表するため、説明をしている子には見せません。
最初は短い時間の方がどの子も取り組みやすいです。このとき、説明を聞いている側には、タイムが見えるようにしておきます。そうすることで、聞いている側もより盛り上がります。

教師の目 ◇
短くまとめることで、その時間の大切な考え方がより見えてくるアクティビティです。慣れるまではグループで取り組んでもよいでしょう。
何人かに説明させていくと、前の人のマネをしながら上手になっていくでしょう。上手になった点を具体的にほめましょう。

第 **5** 章

漢 字

この章では、「漢字」のアクティビティを
集めています。多くの子どもたちが苦手と
している漢字。ただ書くだけの漢字練習に
もう子どもたちはあきあきしています。
楽しい漢字練習を子どもたちとしませんか。

088 〇書き練習〜からだ編〜

人数 何人でも ／ 場所 教室 ／ 時間 5分 ／ 準備物 漢字ドリル

めあて
漢字練習をアクティブに取り組むことができ、漢字を覚えます。

タイミング
授業のはじめ、新出漢字の学習時に行います。

進め方（遊び方）
① 教師が、「頭書き練習をします、せーの」と声かけをします。
② 全員で「1、2……」と言いながら、頭で漢字を大きく書きます。
（席に座ったままでも、立った状態でも構いません）
③ ②を時間まで、何度もくり返します。
オンライン授業で行うことができます。

ワンポイント！
とにかく盛り上がります！
「そんなことで覚えることができるのか？」と、思われた方もいるかもしれません。ここで大切なことは、いやいや何度も漢字を書く練習ではないことです。いやいや書いても、なかなか覚えることができません。また、1画1画を確かめながら書くことができます。

089 アレンジ① 足書きバージョン

①②をアレンジします。

① 教師が、「足書き練習をします、せーの」と声かけをします。

② 席に座ったまま「1、2……」と言いながら、足で漢字を大きく書きます。

090 アレンジ② 逆の手書きバージョン

①②をアレンジします。

① 教師が、「逆の手書き練習をします、せーの」と声かけをします。

② 席に座ったまま「1、2……」と言いながら、利き手と逆の手で鉛筆を持ち、ノートに漢字を書きます。

091 アレンジ③ へそ書きバージョン

①②をアレンジします。

① 教師が、「へそ書き練習をします、せーの」と声かけをします。

② 席を立った状態で「1、2……」と言いながら、おへそで漢字を大きく書きます。

092 アレンジ④ お尻書きバージョン

①②をアレンジします。

① 教師が、「お尻書き練習をします、せーの」と声かけをします。

② 席を立った状態で「1、2……」と言いながら、お尻で漢字を大きく書きます。

教師の目

学年が上がるにつれて、恥ずかしがる子もいるかもしれません。

また、身体的理由で取り組めない子もいるかもしれません。

クラスの実態にあわせて、無理に取り組まないようにしましょう。

漢字 タブレットOK!

学年 低 中 高

093 サイレント書き練習

| 👤人数 何人でも | 🚩場所 教室 | ⏱時間 3分 | 📦準備物 漢字ドリル・ノート |

✏ めあて

漢字練習をアクティブに取り組むことができ、漢字を覚えます。

✏ タイミング

新出漢字学習、漢字練習時に行います。

✏ 進め方（遊び方）

① 漢字ドリルやノートを用意します。

② 教師が、「今から、サイレント書き練習をします。鉛筆で書く音も出ないくらい静かに3分間書きましょう」と言います。

③ 3分間、静かに漢字を書きまくります。

（鉛筆で書く音も出さずに、とにかく「サイレント状態」にします）

④ 時間がきたら、書くのを止めます。

書いたものをタブレット上で送り合い、お互いに見ることができます。

 教師の目 ✨

サイレントにしようと、1画1画音を出さずに書こうとします。

そのため、1画1画の筆順を意識して書くことができます。

78

漢字

タブ レット OK!

学年 低 中 高

094 目をつぶって漢字練習

| 人数 何人でも | 場所 教室 | 時間 5分 | 準備物 漢字ドリル・ノート |

めあて

漢字練習をアクティブに取り組むことができ、漢字を覚えます。

タイミング

新出漢字学習、漢字練習時に行います。

進め方（遊び方）

① 漢字ドリルやノートを用意します。

② 教師が「これから目をつぶって漢字練習をします。3分間で学習してきた漢字をできるだけていねいに、たくさんノートに書きましょう」と言います。

③ 3分間、目をつぶり漢字を書きます。

④ 時間がきたら、目を開け、漢字として読めている字は何個あったかを数えて記録します。

書いたものをタブレット上で送り合い、お互いに見ることができます。また、授業支援アプリを使って、書いた字が読めるか判定すると盛り上がります。

流

教師の目 ✧

目を閉じて書くため、1画1画正確に書こうとします。
そのため、1画1画の筆順を意識して書くことができます。

学年 低 中 高

095 30秒書き

| 人数 何人でも | 場所 教室 | 時間 3分 | 準備物 漢字ドリル・ノート・ストップウォッチ |

めあて
漢字練習をアクティブに取り組むことができ、漢字を覚えます。

タイミング
新出漢字の学習時に行います。

進め方（遊び方）
① 漢字ドリルを準備します。
② 教師の「30秒書きを始めます。よーい、スタート！」の合図で新出漢字をノートに書きます。
③ 教師が、30秒後に「ストップ」と言うまで、書き続けます。
④ 漢字をいくつ書けたか数えてノートに記録をします。

30秒書き。
よーい
スタート！

カリ

カリ

arrange
アレンジ

漢字

096 アレンジ① 30秒に近づけろ！①バージョン

③④をアレンジします。

③　子どもは、自分が30秒たったと思ったら手を挙げます。

④　30秒に近かった子を教師が発表して、みんなで拍手をします。

ワンポイント

　　ストップウォッチやタイマーは、子どもたちには見えないよう
　にしておきます。

097 アレンジ② 30秒に近づけろ！②バージョン

③④をアレンジします。

③　子どもは、30秒で漢字1字が完成するように書きます。

④　30秒に近かった子を教師が発表して、みんなで拍手をします。

30秒に
近かった人は…

098 〇〇ポイントを5つ見つけろ

| 👤人数 何人でも | 📍場所 教室 | ⏱時間 10分 | 📦準備物 漢字ドリル |

✏ めあて

漢字練習をアクティブに取り組むことができ、漢字を覚えます。

✏ タイミング

新出漢字の学習時に行います。

✏ 進め方（遊び方）

① 漢字ドリルを用意します。

② 漢字ドリルで新出漢字の「書き順」「音訓読み」「部首」などを、クラス全員で確認します。

③ 2分間、1人で新出漢字を見て、その漢字の「難しそうなところ」に鉛筆で〇をつけます。

④ 2分後にクラスで、「〇をつけたところ」と「その理由」を交流します。

ドリルを写真に撮って、タブレット上で全体をみんなで見ながら、交流することができます。

木が2つも
書くところが…

ワンポイント！

漢字ドリルに〇をつけます。3つ新出漢字を学習したなら、その3つの漢字から探します。

099 アレンジ① 間違えそうなところバージョン

③をアレンジします。

③ 2分間、1人で新出漢字を見て、その漢字の間違えそうなところに鉛筆で○をつけます。

100 アレンジ② かっこいいところバージョン

③をアレンジします。

③ 2分間、1人で新出漢字を見て、その漢字のかっこいいところに鉛筆で○をつけます。

101 アレンジ③ かわいいところバージョン

③をアレンジします。

③ 2分間、1人で新出漢字を見て、その漢字のかわいいところに鉛筆で○をつけます。

3つも組み合わさってかっこいい！！

かっこいいところバージョン、かわいいところバージョンは、なかなか見つけられず「見つからないよー」と子どもたちは言うかもしれませんが、それでも構いません。このアクティビティのポイントは、漢字の形をじっくり見ることにあります。1本線が少なかったり、多かったりするといったミスを減らしていくことができます。

漢字

102 教科書 下漢字練習

| 人数 何人でも | 場所 教室 | 時間 5分 | 準備物 教科書・ノート |

✏ めあて

漢字練習をアクティブに取り組むことができ、漢字を覚えます。

✏ タイミング

授業冒頭の時間、すきま時間に行います。

✏ 進め方（遊び方）

① 教師が「国語の教科書○○ページを開きましょう」と言います。

② 「教科書の下の方に書いている漢字を、1分間で何個読めるか挑戦しましょう。よーい、スタート！」と言います。

③ 読めた漢字は、鉛筆でチェックをします。
　（音訓読みのどちらでも可）

④ 時間になったら、いくつ読めたか数えて記録します。

103 アレンジ① 書くバージョン

②③④をアレンジします。

② 「教科書の下の方に書いている漢字を、1分間で何個ノートに書けるか挑戦しましょう。よーい、スタート！」と言います。

③ ノートに新出漢字を書いていきます。

④ 時間になったら、ノートにいくつ書けたか数えて記録します。

漢字

学年 低 中 高

104 漢字ドリルスペース書き

人数 何人でも ｜ 場所 教室 ｜ 時間 5〜10分 ｜ 準備物 漢字ドリル

✏️ めあて

漢字練習をアクティブに取り組むことができ、漢字を覚えます。

✏️ タイミング

新出漢字の学習時（後半）に行います。

✏️ 進め方（遊び方）

① 漢字ドリルを用意します。

② 漢字ドリルの新出漢字の、「書き順」「音訓読み」「部首」などを、クラス全員で学習します。

③ 新出漢字の学習が終わったら、教師が「漢字ドリルの空いているスペース（余白）に、3分間で新出漢字を書きまくりましょう！」と伝えます。

④ 「よーい、スタート！」の合図で、漢字を書き始めます。

⑤ 3分後、「1文字＝1ポイント」として、何ポイント獲得できたのかを数えて、ドリルに記録します。

10ポイント

12ポイント

漢字

学年 低 中 高

105 スピード漢字計算

| 人数 グループ | 場所 教室 | 時間 5〜10分 | 準備物 ノート・9マス表 |

✏ めあて

漢字の定着を図ります。

✏ タイミング

新出漢字学習、漢字練習時に行います。

✏ 進め方（遊び方）

① 教師が「今から2つの漢字を言います。その2つの漢字の画数を足し算してください。ノートに漢字を書きながら計算してもいいです」と伝えます。

② 教師が「せーの、『〇』『〇』」と漢字を言います。

③ 子どもが、画数をたし算して答えます。

④ ②と③を時間まで、何度もくり返します。

ノートの代わりにタブレットで取り組むことができます。

ワンポイント！

「た」とだけ言うと、たくさんの漢字があるので、「田んぼの」と説明を加えて言うようにしましょう。

クラスの実態によっては、黒板にその漢字を書いたり、プレゼンテーションソフトで漢字を映したりしてもいいでしょう。

106 アレンジ① 先生の代わりに問題を作ろうバージョン

②をアレンジします。教師役を子どもが務めます。

② 代表の子どもが「せーの、『〇』『〇』」と漢字を言います。

ワンポイント

「田んぼのた！」のように、「田んぼの」に当たる漢字の説明を考えさせましょう。そうすることで、「みんなにわかる説明は何か？」と、漢字の意味を考えたり、みんながわかる熟語を探したりすることにつながっていきます。

107 アレンジ② ビンゴバージョン

②③④をアレンジします。

② ノートに、ビンゴのように9マスを書きます。（9マス表でも可）

③ それぞれのマスに、漢字を1文字書きます。

　書く漢字は、以下のようにテーマを決めるとおもしろいです。

④ 漢字が9つ書けたら、縦・横の漢字の画数の合計を書きます。

書くのが得意な漢字	書くのが苦手な漢字	美しい形の漢字
にんべんの漢字	好きな漢字	自分の名前に入っている漢字
嫌いな漢字	今年習った漢字	日本と言えば？で思い浮かぶ漢字

「国語」＋「算数」のアクティビティです。
漢字の学習だけでなく、暗算の練習にもなります。
ひき算、かけ算、わり算にも応用できます。

108 肺活量漢字練習

| 人数 何人でも | 場所 教室 | 時間 5分 | 準備物 漢字ドリル・教科書・ノート |

✏️ めあて

漢字練習をアクティブに取り組むことができ、漢字や読みを覚えます。

✏️ タイミング

新出漢字学習、漢字練習時に行います。

✏️ 進め方（遊び方）

① 漢字ドリルを用意します。（教科書にある漢字一覧でも可）

② 教師が「一息で漢字が何個言えるか挑戦しましょう」と言います。

③ 子どもたちは息を大きく吸い込み、教師の「よーい、スタート！」の合図で始めます。

④ 息が続く限り、漢字を言い続けます。

⑤ 息をはいたら、それまでに、漢字を何個言えたかをノートに記録します。

arrange
アレンジ

109 アレンジ①　書きバージョン

②③④⑤をアレンジします。

② 教師が「一息で漢字が何個書けるか挑戦しましょう」と言います。

③ 子どもたちは息を大きく吸い込み、教師の「よーい、スタート！」の合図で始めます。

④ 息が続く限り、漢字をノートに書き続けます。

⑤ 息をはいたら、それまでに漢字を何個書けたかをノートに記録します。

漢字

学年 低 中 高

１１０ 新出漢字○×ゲーム

👥 **人数** 何人でも ✐ **場所** 教室 ⏱ **時間** 5分 📦 **準備物** A4の紙

✏️ めあて

漢字に興味を持ち、自分から進んで漢字練習をするようになります。

✏️ タイミング

朝の時間やすきま時間、新出漢字の学習時に行います。

✏️ 進め方（遊び方）

① ペア（2人組）になります。

② A4の紙に、3×3の9マス（もしくは5×5の25マス）を書きます。

③ じゃんけんをして、先攻・後攻を決めます。

④ 1マスに、新出漢字を交互に1つずつ書いていきます。
先攻は赤色、後攻は青色として誰が書いたかわかるようにします。

⑤ 1列（3マス連続）で漢字が書けた人の勝ちです。

<u>3×3マス表をタブレットで配信して、タブレット上で取り組むことができます。</u>

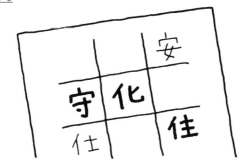

ワンポイント！

25マスのときは、5つ連続で書けたら勝ちです。

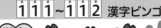

タブレットOK!

111 漢字ビンゴ

| 人数 何人でも | 場所 教室 | 時間 5分 | 準備物 A4の紙 |

✏️ めあて

漢字に興味を持ち、自分から進んで漢字練習をするようになります。

✏️ タイミング

朝の時間やすきま時間、新出漢字の学習時に行います。

✏️ 進め方（遊び方）

① A4の紙に、3×3の9マス（もしくは5×5の25マス）を書きます。

② 1マス1文字ずつ、その学年で学習した漢字を全マスに書きます。

③ 教師が漢字を1つずつ言っていきます。

④ 言われた漢字が、マスにあればマスに印をつけます。

⑤ 縦、横、斜めのどれか1列に印が3つつけばビンゴ！

<u>3×3マス表をタブレットで配信して、タブレット上で取り組むことができます。</u>

arrange アレンジ

112 アレンジ① 部首バージョン

②③④をアレンジします。

② 教師が指定した部首の漢字をマスに書きます。

③ 教師が部首を1つずつ言っていきます。

④ 言われた部首が、マスにあればマスに印をつけます。

ワンポイント！

なかなか思いつかない子がいるかもしれません。そういう子には辞書を使ってもよいとし、苦手意識が出ない配慮をしてあげましょう。

第 6 章

漢字ゲーム

この章では、「漢字ゲーム」のアクティビティ
を集めています。アクティビティを通して、
「書く」だけでなく漢字の意味や部首の理解も
大切にし、「漢字への興味関心」「聴く力」「仲
間とのつながり」も高めていきませんか。

113 聖徳太子聞き取り漢字

人数	何人でも	場所	教室	時間	5分	準備物	漢字ドリル・ノート・ホワイトボード（グループ数）

めあて

聞き取った漢字を書くことで、漢字の定着を図ったり聴写の力がつくようになります。

学習へのつながり

漢字の定着と、毎日の授業の中で、「聴く」という意識を高めることができます。

タイミング

漢字の復習をしたいときや、国語の時間のはじめに、集中力を高めるウォーミングアップとして行います。

進め方（遊び方）

① クラスから、1名読む子どもを選びます。
② 教師と選ばれた子どもで「せーの」で、熟語を読み上げます。
　（どちらも違う熟語を言います）
③ 聞いている子どもは、読み上げられた熟語をノートに書き取ります。
④ わかった子の中から指名して、黒板に答えを書いてもらいます。
⑤ 正解を発表します。
⑥ 時間まで、読み上げる子どもを変えて②〜⑤をくり返します。
　<u>ノートの代わりにタブレットで取り組むことができます。</u>

ワンポイント！

漢字を読み上げる子どもには、大きな声を出すように指導しましょう。しかし、中には声の出ない子もいます。そのときは、聞き手が協力して聞き取りやすい空気を作っていくように指導していきましょう。声の小さい子が責められることのないように留意します。

114 アレンジ① 例文バージョン

②をアレンジします。

② 教師と選ばれた子どもで「せーの」で、例文を読み上げます。
（漢字ドリルにある例文を言います）

ワンポイント

最初は、何度か読み上げたり、慣れるまで教師のみが読み上げて、
１文のみの聴写をさせたりしましょう。

115 アレンジ② スーパー聖徳太子バージョン

①をアレンジします。

① クラスから読む子どもを３〜４名選びます。

116 アレンジ③ ウルトラ聖徳太子バージョン

①をアレンジします。

① クラスから読む子どもを６〜７名選びます。

ワンポイント

全部ではなく聞き取ることのできた熟語のみを書き取ります。「なる
べくたくさん書けるといいね！」と声をかけてスタートしましょう。

教師の目

漢字の書き取りだけでなく、「聞き取る力」をつけることにもつながります。単なる「聞く」から、自分のほしい情報を主体的に得ようとする「聞き取る」へ、レベルアップするようにしていきましょう。

学年 低 中 高

117 漢字表ミッション

👤人数 何人でも	📍場所 教室	⏱️時間 5〜10分	📦準備物 漢字一覧表のプリント

✏️ めあて

前学年までの漢字を復習し、定着するようになります。

✏️ 学習へのつながり

前学年までの漢字の復習につながります。

✏️ タイミング

漢字の復習をしたいときや、国語の授業のはじめに行います。

✏️ 進め方（遊び方）

① 復習したい学年の漢字一覧表のプリントを配布します。

② 教師が、「ミッションを出します。『〇〇』と読む漢字に丸をつけましょう。制限時間は30秒です」と伝えます。
　　例「『フク』と読む漢字に丸をつけましょう」

③ 子どもたちが表に丸をつけていきます。

④ 教師が答えを言っていき、すべて見つけたらミッションクリア！

⑤ 時間まで②〜④をくり返します。

漢字一覧表をタブレットで配信します。

タブレットで画像一覧を見ながら、ノートに書くことができます。

ワンポイント！

一覧表の作成は、インターネット上の文部科学省の学年別配当表を使うとよいでしょう。五十音順になっているので、ワードソフトなどを使って、シャッフルします。制限時間は、子どもたちの実態やミッションの内容に応じて変えていきましょう。

118 アレンジ① ピンポイントバージョン

②をアレンジします。

② 教師が、「(板書して)この漢字を見つけなさい」と伝えます。複数ある答えではなく、ピンポイントで漢字1文字を見つけます。制限時間は10秒程度に短くします。

119 アレンジ② 似ている漢字バージョン

②をアレンジします。

② 教師が、「似ている漢字のペアを3ペア探しなさい」と伝えます。「似ている」には、「意味が似ている」「字形が似ている」などありますが、その観点も自分で選ぶということを伝えます。

120 アレンジ③ 熟語作成バージョン

②をアレンジします。

② 教師が、「漢字一覧表の漢字を使って、熟語を3つ作りなさい」と伝えます。

121 アレンジ④ 文作成バージョン

②をアレンジします。

② 教師が、「漢字一覧表の漢字を使って、文を3つ作りなさい」と伝えます。

教師の目

学年をごちゃまぜにした表を作ることも考えられます。教師が楽しんで、アレンジを加えていきましょう。

漢字ゲーム

122 創作漢字コンテスト

人数 何人でも　場所 教室　時間 10〜15分　準備物 A4の紙・漢字辞典・国語辞典

めあて

新しい漢字を創り出すことを通して、これまで学んできた漢字の意味について思い出せるようになります。

学習へのつながり

漢字の成り立ちの学習につなげることができます。

タイミング

漢字の学習の１コマや、漢字の成り立ちの学習の後の活動で行います。

進め方（遊び方）

① 創作漢字を紹介し、子どもがイメージを持てるようにします。
（創作漢字コンテストの作品や、教師が作成したものを紹介します）

② 自分のオリジナルの創作漢字を考え、紙に書きます。

③ 自分の机の上に、創作漢字を書いた紙を置き、友だちの作品を見て回ります。

④ 「ナイスアイデア賞」「令和の時代に合うで賞」など、オリジナルの賞を決めて投票し、コンテストを行います。

⑤ 投票結果を発表します。

紙の代わりにタブレットで取り組み、みんなで交流することができます。

ワンポイント！

漢字の中に記号を入れても構いません。

産経新聞社が主催している創作漢字コンテストから、コンテストの過去の入賞作品を見ることができます。

難しく考えず、楽しみながら取り組みましょう。

1 2 3 アレンジ① クイズバージョン

③④⑤をアレンジし、⑥を追加します。

③ 子どもたちが考えた創作漢字の紙を黒板に貼ります。

④ 考えた子どもが、「何と読むでしょう？」とクイズを出します。

⑤ 挙手して、答えを発表します。

⑥ 出題した子どもが、正解を発表し、読み方や意味を解説します。

何と読むでしょう？

教師の目

創作漢字を考えるとき、子どもたちは、既習の漢字を思い返したり、意味を考えたりします。

「おもしろそう！」「これどういう意味？」「何て読むの？」と、教師もいっしょに楽しんで取り組みましょう。

また、掲示してコンテストをしたり、毛筆で書いてみたりすると楽しみが広がります。

124 隠れているところを当てろ！

| 人数 何人でも | 場所 教室 | 時間 1〜2分 | 準備物 漢字カード |

めあて

子どもたちが間違いやすい漢字を正確に書き取れるようになります。

学習へのつながり

間違いが多い漢字をみんなで共有し、毎日の漢字指導につなげます。
書写の学習にもつなげることができます。

タイミング

間違いが多かった漢字を覚えさせたいときや、国語の授業のはじめに
行います。

進め方（遊び方）

① クラスの子どもたちの漢字学習の様子から、間違いの多かった漢
　字を把握しておきます。

② 漢字クイズを作ります。プレゼンテーションソフトや画用紙を
　使って、間違いの多い漢字の一部分を隠して、隠れている部分を
　当てる漢字カードを作りましょう。

　（以上、準備）

③ 授業のはじめに、教師が「漢字クイズを出します。隠れている部
　分を考えよう」と言って、漢字カードを見せます。

　（AとBの答えの選択肢を用意して
　いても構いません）

④ 子どもは、隠れている部分を空書き
　します。（AかBかを答えます）

⑤ 全員で正しい漢字を確かめます。

<u>タブレットで、子ども自身が問題を
作って共有し解き合うことができます。</u>

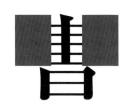

「一番長い横画はどこ？」

98

学年 低 中 高

１２５ 漢字ジェスチャークイズ

人数 何人でも ／ 場所 教室 ／ 時間 5分 ／ 準備物 ノート

✏️ めあて

漢字の意味を理解できるようになります。

✏️ 学習へのつながり

漢字が「読める」「書ける」だけでなく、「意味の理解」につなげることができます。

✏️ タイミング

漢字の学習時に行います。

✏️ 進め方(遊び方)

① 教師が、「今から先生がある漢字のジェスチャーをします。何の漢字か当ててください」と言います。

② 教師が、漢字をジェスチャーで表現します。

③ 答えがわかったら、その漢字をノートに書く。

④ 教師が正解を黒板に書き、全員で読みます。

子ども自身がジェスチャーの動画をタブレットで撮って問題を出すこともできます。

ワンポイント!

漢字学習で、ドリルで学習した熟語は書けるのに、ちがう熟語になるととたんに書けなくなる子どもがいます。

その原因のひとつに、漢字の意味を覚えていないことがあります。

このアクティビティで漢字の意味をいっしょに覚えていくことが有効です。

宿題で、漢字を書く練習だけでなく、お家の人とジェスチャーゲームをしたり、漢字の意味を絵で描いたりなど、宿題もアレンジできます。

第 **7** 章

音　読

この章では、「音読」のアクティビティを集めて
います。なんのために音読をするのでしょうか。
音読の宿題が嫌いな子が学級にいませんか。そん
な子たちも前のめりになるアクティビティで、
楽しい音読を子どもたちとしませんか。

タブレットOK!

学年 低 中 高

126 プレッシャー読み

人数 何人でも ┃ 場所 教室 ┃ 時間 5分 ┃ 準備物 説明文

めあて

説明文をスラスラと読めるようになります。

学習へのつながり

【低・中・高学年】文を正確に音読することで、内容を理解しやすくなります。

タイミング

説明文の学習時に、授業のはじめに行います。

進め方（遊び方）

① 教師が「これからプレッシャー読みをします。正確に読み進められるようにがんばりましょう！」と言います。

② 説明文を最初から1人で音読します。

③ 音読中に詰まったり、間違えて読んでしまったりしたところで読むのを終わります。

④ どこまで読めたのかをノートに記録します。

⑤ 一番長く読めた人を発表し、みんなで拍手します。
2回目以降は、記録を伸ばせた人を挙手させて、みんなで拍手します。

タブレットに録音します。録音することで、よりプレッシャーがかかってやる気になります。

ワンポイント！

何度も行うことで、読むことができる文章量が増えてきます。詰まらずに読もうと、子どもたちはアクティブに音読に取り組むことでしょう。詰まらないようにゆっくり読む子がいます。子どもの実態に応じて、最初は認めつつも、教師が範読をして、読む速さの見本を示してあげましょう。

音読をビデオに撮り、後で見ると盛り上がります。

アレンジ

127 アレンジ①　場面読みバージョン

②③をアレンジし、④⑤をなくします。

②　自分が詰まらずに読める段落を選び、その段落を読みます。

③　詰まらず全部読めたら、クリアです。

ワンポイント

グループで読む段落を分けたり、くじなどで自分が読む段落を決めたりすることで盛り上がるでしょう。

128 アレンジ②　最後の1文を読むのはどっちだバージョン

②③④をアレンジし、⑤をなくします。

②　ペア（2人組）になり、1人が音読します。

③　詰まったら読む人を交代します。

④　③をくり返し、最後の1文を音読できた人の勝ちです。

教師の目

学級の中には、吃音（きつおん）の子どもがいる可能性があります。
そういう子がいる場合は、無理に取り組むことはやめましょう。

129 1分間音読

| 👤人数 何人でも | 📍場所 教室 | ⏱時間 1〜5分 | 📦準備物 物語文・説明文・時計 |

✏ めあて

文章をスラスラと読めるようになります。

✏ 学習へのつながり

【低・中・高学年】文を音読することで、内容を理解しやすくなります。

✏ タイミング

物語文や説明文の学習時に、授業のはじめに行います。

✏ 進め方（遊び方）

① 全員が席を立ちます。

② 教師が「1分間音読をします。自分が読みたい文章を選んで、時計なしで音読しましょう」と伝えます。

③ 教師の「よーい、スタート！」の合図で、音読を始めます。

④ 自分が1分間音読したと思ったタイミングで、席に座ります。

⑤ 全員が読み終わったら、教師が1分に1番近かった人を発表します。

⑥ 全員で拍手します。

ワンポイント！

読む文章は、教師が指定してもかまいません。

時計は、子どもから見えない状態にしておきます。

130 アレンジ① どこまで読めるかバージョン

②③④⑤をアレンジします。

② 　教師が「1分間音読でどこまで読めるか、挑戦しましょう」と伝えます。

③ 　教師の「よーい、スタート！」の合図で、文章の最初から音読を始めます。

④ 　1分後の「ストップ」の合図で、自分がどこまで読めたか確認します。

⑤ 　クラスで1番たくさん文章を音読できた人を発表します。

ワンポイント

　時計は、子どもが見える状態にしておきます。1分後にアラームが鳴るように設定しておくと、取り組みやすくなります。

 教師の目 ✧

　文章量を稼ごうと適当に読む子がいるかもしれません。そうならないように、教師の方で見本を示しておきましょう。

学年 低 中 高

131 サプライズ音読

人数 何人でも ／ 場所 教室 ⏱ 時間 5〜10分 📦 準備物 物語文

📝 めあて

物語文をスラスラと読めるようになります。

📝 学習へのつながり

【低・中・高学年】会話文、地の文（会話以外の文）を意識するようになります。

📝 タイミング

物語文の学習時に、授業のはじめに行います。

📝 進め方（遊び方）

① 最初に指名できる人を1名決めます。

（指名できる人の決め方は、自薦他薦どちらでも構いません）

② 教師の「よーい、スタート！」の合図で、全員で音読します。

③ 地の文は、全員で音読します。

④ 会話文になったら、読む人を1名指名します。

⑤ 指名された人は、その会話文を音読します。

⑥ 会話文を音読した人は、次に指名することができます。

（会話文の間に地の文が入るときは、全員で地の文を読みます）

⑦ 時間まで③〜⑥をくり返します。

〇〇さん！

132 アレンジ①　1文バージョン

1文ごとに、読む人を指名していきます。

③④⑤⑥をアレンジします。

③　最初の1文を全員で音読します。

④　読み終えたら、次の文を読む人を1名指名します。

⑤　指名された人はその文を音読します。

⑥　文を音読した人は、次に指名することができます。

　（地の文も会話文も関係なしに、1文ごと交代していきます）

音読

慣れるまでは、音読のリズムに乗れない可能性があります。しかし、数回行うことで、指名する人のところでモタモタしないことで、リズムよく音読することができるようになります。

1 3 3 モノマネ読み

| 人数 何人でも | 場所 教室 | 時間 5〜10分 | 準備物 物語文・説明文 |

めあて

文章をスラスラと読めるようになります。

学習へのつながり

【低・中・高学年】文章を正確に読むことができます。

タイミング

物語文・説明文の学習時に、授業のはじめに行います。

進め方（遊び方）

① 教師が「今日の音読は、キャラクターになりきって音読します」
と伝えます。

② 5分間、1人でキャラクター音読の練習をします。

③ みんなで音読します。

ワンポイント！

キャラクターがわからない場合は動画などを見せ、イメージを持たせます。

音読をビデオに撮り、後から見ると盛り上がります。

134 アレンジ① 歌舞伎読みバージョン

①をアレンジします。

① 教師が「今日の音読は、歌舞伎役者になりきって音読します」
　　と伝えます。

ワンポイント

　歌舞伎役者の声やイメージがわからない子がいるときには、動画
　などを見せ、イメージを持たせます。

135 アレンジ② やまびこ読みバージョン

①をアレンジします。

① 教師が「今日は、山の頂上にいて、そこからヤッホーと言うよ
　　うに大きな声で音読します」と伝えます。

ワンポイント

　ヤッホーと言うときのような格好をしても盛り上がります。

136 アレンジ③ 大根役者読みバージョン

①をアレンジします。

① 教師が「今日は大根役者になりきって、棒読み（抑揚をつけず
　　単調に読む）で音読します」と伝えます。

教師の目

　サイコロを用意しておき、1が出たら「やまびこ」、2が出たら
「歌舞伎」というように取り組むと盛り上がります。

137 喜怒哀楽読み

人数 何人でも	場所 教室	時間 5分	準備物 物語文・説明文

めあて

物語文・説明文をスラスラと読めるようになります。

学習へのつながり

【低・中・高学年】物語文・説明文を正確に読むことができます。

タイミング

物語文・説明文の学習時に、授業のはじめに行います。

進め方（遊び方）

① 教師が「今日は喜んでいるように音読します」と伝えます。

② 喜んでいる表情や、喜んでいるときの動きを考えます。

③ ②の表情や動作も入れながら、1人で喜怒哀楽読みの練習をします。

④ 全員で音読します。

ワンポイント！

音読している様子をビデオに撮っておき、クラス全員でその様子を見ることも盛り上がります。

138 アレンジ① 怒りバージョン

①②をアレンジします。

①　教師が「今日は怒っているように音読します」と伝えます。

②　怒っている表情や、怒っているときの動きを考えます。

139 アレンジ② 哀しいバージョン

①②をアレンジします。

①　教師が「今日は哀しんでいるように音読します」と伝えます。

②　哀しい表情や、哀しんでいるときの動きを考えます。

140 アレンジ③ 楽しいバージョン

①②をアレンジします。

①　教師が「今日は楽しんでいるように音読します」と伝えます。

②　楽しい表情や、楽しいときの動きを考えます。

音読

1 4 1 間違いを正しく読み

| 人数 何人でも | 場所 教室 | 時間 5分 | 準備物 物語文・説明文・詩 |

✏️ めあて

物語文・説明文・詩をスラスラと読めるようになります。

✏️ 学習へのつながり

【低・中・高学年】物語文・説明文・詩を正確に読むことができます。

✏️ タイミング

物語文・説明文・詩の学習時に、授業のはじめに行います。

✏️ 進め方 (遊び方)

① 教師が「先生は、どこかを間違えて音読します。みんなは間違えているところを正しく音読しましょう」と伝えます。

② 教師が1文音読したら、子どもたちは続いて1文音読します。

③ 教師が1文ごとにどこかを間違えながら、読んでいきます。

④ 子どもたちは、教師が読んだ後に正しく読んでいきます。

⑤ ②～④をくり返し、最後まで音読します。

くつ下を買いに…

手ぶくろを買いに

ワンポイント!

子どもたちは思わず間違いにつられて読んでしまいそうになります。そうならないように集中して音読します。

音読

142 アウト読み

| 👤人数 グループ | 📍場所 教室 | ⏱時間 5分 | 📦準備物 物語文・説明文 |

✏️ めあて

物語文・説明文の本文を覚え、文の読解につながる素地を作ります。

✏️ 学習へのつながり

【低・中・高学年】文の読解につながる素地を作ることができます。

✏️ タイミング

物語文・説明文の学習時に、授業のはじめに行います。

✏️ 進め方（遊び方）

① 教師が、「先生が、これから文章のどこかをわざと間違えて読みます。間違いに気づいたときは『アウト！』と言いましょう」と伝えます。

② 教師が音読し、わざとどこかの文で間違えます。

③ 気がついた人は、「アウト！」と言います。

④ アウトと言った人に「正しくは何ですか」と聞きます。

⑤ ②～④をくり返します。

ワンポイント

「登場人物の心情」や「情景描写」「表現技法」などのところを間違えることで、次時以降の読解につながります。

arrange アレンジ

143 アレンジ① 子ども同士バージョン

②をアレンジします。

② 子どもが音読し、わざとどこかの文で間違えます。

学年 低 中 高

144 ハーモニー読み

| 人数 何人でも | 場所 教室 | 時間 5分 | 準備物 物語文・説明文・詩 |

✎ めあて

教科書の物語文・説明文・詩をスラスラと読めるようになります。

✎ 学習へのつながり

【低・中・高学年】物語文・説明文・詩を正確に読むことができます。

✎ タイミング

物語文・説明文・詩の学習時に、授業のはじめに行います。

✎ 進め方（遊び方）

① 教師が「今日は、ハーモニー読みをします」と伝えます。
② 高い声で読む子、低い声で読む子を決めます。
　　例1　女子：高い声、男子：低い声
　　例2　教室の右半分：高い声、教室の左半分：低い声　など
③ 教師が「せーの」と言います。
④ 全員で同時に音読します。

\ じさまじさま / 　　\ じさまじさま /

ワンポイント！

音読をビデオに撮り、後で見ると盛り上がります。

第 **8** 章

言　葉

この章では、「言葉」のアクティビティを集めています。語彙力、言葉への感覚を楽しく高めながら、説明文や物語文の学習に楽しく取り組みませんか。

言葉

タブレット OK!

学年 低 中 高

145 具体・抽象クイズ

人数 何人でも ｜ 場所 教室 ｜ 時間 5分 ｜ 準備物 ノート・9マス表

✏ めあて

上位語（抽象的な言葉）と、下位語（具体的な言葉）の関係について
理解を深めます。

✏ 学習へのつながり

【低学年】まとめた言葉・くわしい言葉の学習につながります。
【中・高学年】説明文のまとめと、具体例の関係性（＝具体・抽象）
について理解しやすくなります。

✏ タイミング

説明文の学習の前や、具体と抽象の関係について確認したいときに行
います。

✏ 進め方（遊び方）

① 教師が、「〇〇（広い意味の言葉）、例えば？」とクイズを出します。
　　例「野菜、例えば？」「文房具、例えば？」「乗り物、例えば？」
② 子どもは、1分間でノートに箇条書きで思いつく限り書きます。
　　・たまねぎ
　　・にんじん……など
③ どんな言葉があるか、全員で確認します。
④ たくさん書けた人に拍手します！
<u>ノートの代わりにタブレットで取り組むことがで</u>
<u>きます。</u>

ワンポイント！

樹形図の形で板書してあげると、理解が深まります。

146 アレンジ① ビンゴバージョン

① ビンゴの9マスの表を配布する。低学年向けです。

② 真ん中のマスに、全員共通の上位語(例えば「野菜」など)を書く。

③ そのまわりの8マスに、下位語(具体的な「野菜の名前」)を書く。

④ 教師が、野菜の名前を発表しながらビンゴゲームを進めていく。

147 アレンジ② 逆バージョン

① 教師が、「●●、○○、△△、つまり?」とクイズを出します。
「たまねぎ、にんじん、ピーマン、つまり?」

② わかった子どもが答えます。 例「野菜!」

③ 正解なら、みんなで拍手します。

148 アレンジ③ レベルアップバージョン

いろいろな言葉でまとめます。高学年向けです。

①②をアレンジします。

① 最初に「クイズが、レベルアップするよ!」といって始めます。

② 「さくらんぼ、りんご、いちご、つまり?」
「くだもの」でも正解なのですが、「赤いくだもの」という言葉
でもまとめることができます。
「救急車、パトカー、消防車、つまり?」
「乗り物」「車」「はたらく車」などで、まとめることができま
すが、「乗り物」の方が、「はたらく車」よりも広い意味である
ことを確かめることができます。

教師の目 ✧

「具体」「抽象」という言葉を、「例えば」「つまり」という言葉とセットで
教えます。すると、授業中に子どもたちに対して、「例えば、どういうこと?」
「つまりどういうこと?」という問い返しができるようになります。
また「広い意味=抽象」「狭い意味=具体」と教えます。

149 牛乳の飲み方、教えましょう

人数 何人でも　**場所** 教室　**時間** 10分　**準備物** ワークシート

✐ めあて

順序よく説明することができるようになります。

✐ 学習へのつながり

【低学年】説明文「たんぽぽのちえ」（光村図書2年上）や、書くこと・読むこと「馬のおもちゃの作り方」（光村図書2年下）などの学習へとつながります。

【中・高学年】接続詞「はじめに」「つぎに」「最後に」を使って、文章を書けるようになります。または、説明文の学習で、接続詞に着目して読むことにつながります。

✐ タイミング

「順序よく説明する」というねらいの授業のはじめに行います。

✐ 進め方（遊び方）

① ステップチャートのワークシートを配ります。（P.119参照）
② お題を示します。「牛乳瓶の牛乳の飲み方」「歯の磨き方」など、子どもにとって身近なお題にします。
③ ワークシートに手順を書いていきます。
④ ③の手順で実際に行ってみます。
⑤ スムーズにできたらクリア！

ワークシートをタブレットで配信します。

ワンポイント！

「はじめてそれをする人がわかるように教えてあげようね」と声をかけます。

1 5 0 アレンジ① 接続詞を使ってバージョン

中・高学年向けです。

③をアレンジします。

③ ワークシートに、接続詞を入れる枠を作ります。接続詞を効果的に使って、説明できるように書きます。

1 5 1 アレンジ② 正しい〇〇の仕方教えましょうバージョン

②をアレンジします。

② 「正しい職員室の入り方」「廊下で先生とすれ違ったときの正しいあいさつの仕方」などのお題にします。

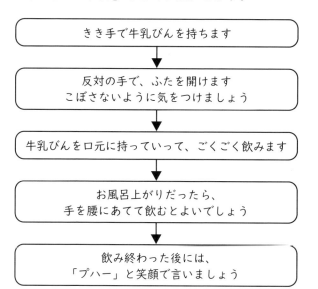

きき手で牛乳びんを持ちます

↓

反対の手で、ふたを開けます
こぼさないように気をつけましょう

↓

牛乳びんを口元に持っていって、ごくごく飲みます

↓

お風呂上がりだったら、
手を腰にあてて飲むとよいでしょう

↓

飲み終わった後には、
「プハー」と笑顔で言いましょう

 教師の目 ✧

ステップチャートをもとに、接続詞を加えていくとよいでしょう。
慣れてくると、簡単なスピーチもすぐにできるようになります。

言葉

152 ちっちゃい「つ」探し

👥 人数 何人でも	🚩 場所 教室	⏰ 時間 5分	📦 準備物 ノート

✏️ めあて

促音・拗音の言葉に慣れ親しみます。

✏️ 学習へのつながり

【低学年】促音や拗音、濁音、半濁音の学習のとき、言葉探しや言葉の練習へつながります。

✏️ タイミング

授業のはじめに行います。

✏️ 進め方（遊び方）

① 教師が「ちっちゃい『つ』のつく言葉をできるだけたくさんノートに書きましょう。時間は1分です」と伝えます。

② 「用意、スタート！」で始めます。

③ ノートに、言葉を思いつく限り書きます。

④ 1分後に、鉛筆を置きます。

⑤ クラス全体で、言葉を発表し合って、全員で声に出してその言葉を読みます。

⑥ 1番多く書いた人の勝ちです。

ノートの代わりにタブレットで取り組むことができます。

ワンポイント！

制限時間は、子どもの実態に合わせて変えていきましょう。なかなか書けない子もいるので、「ひとつ書けたらいいよ」などと、ハードルを下げてあげましょう。

153 アレンジ① ちっちゃい「や・ゆ・よ」探しバージョン

課題を、拗音にします。

①をアレンジします。

① 教師が「ちっちゃい「や・ゆ・よ」のつく言葉をできるだけた
くさんノートに書きましょう。時間は１分です」と伝えます。

154 アレンジ② にごった音探しバージョン

課題を、濁音にします。その後の展開は同様にしていきます。

①をアレンジします。

① 教師が「『ざじずぜぞ』のように『゛』のつく言葉をできるだけ
たくさんノートに書きましょう。時間は１分です」と伝えます。

155 アレンジ③ 「゜」のつく音探しバージョン

課題を、半濁音にします。その後の展開は同様にしていきます。

①をアレンジします。

① 教師が「『ぱぴぷぺぽ』のように『゜』のつく言葉をできるだけ
たくさんノートに書きましょう。時間は１分です」と伝えます。

ワンポイント

半濁音だけでは難しそうなときは、濁音＆半濁音探しにします。

156 やまびこ山の手線ゲーム

人数 何人でも	場所 教室	時間 5分	準備物 なし

✎ めあて

対義語・類義語について学習します。

✎ 学習へのつながり

【低学年】「にたいみのことば、はんたいのいみのことば」（光村図書2年下）の学習につながります。

【中学年】国語辞典の対義語の学習につながります。

✎ タイミング

2年生では、「にたいみのことば、はんたいのいみのことば」の学習の後に行います。

3年生では、国語辞典の使い方を学んだ後に行います。

✎ 進め方（遊び方）

① 教師が「先生が言う言葉の反対の言葉を言ってね」と言います。

② 教師「大きい！」（手拍子「チャッ、チャッ！」）

子ども「小さい！」

教師「女の子！」（手拍子「チャッ、チャッ！」）

子ども「男の子！」

③ 途中で止まるか、時間まで続けます。

ワンポイント！

対義語は3種類あります。

①「出席⇔欠席」のように中間の段階が考えられないもの。

②「大きい⇔小さい」のように中間の段階のあるもの。

③「親⇔子」のように両者が相互関係にあるものなどがある。

122

157 アレンジ① 子ども代表バージョン

教師の代わりに、子どもが代表を務める。

②をアレンジします。

② 子ども代表「大きい！」（手拍子「チャッ、チャッ！」）
子ども「小さい！」
子ども代表「女の子！」（手拍子「チャッ、チャッ！」）
子ども「男の子！」

158 アレンジ② 連想バージョン

「連想」にアレンジします。

①をアレンジします。

① 教師が「前の人が言う言葉から連想する言葉を言ってね」と言います。

言葉

語彙指導の充実が求められるようになってきました。
対義語や類義語といっしょに語彙指導をしていきましょう。

学年 低 中 高

159 名言コンテスト

人数 何人でも ｜ 場所 教室 ｜ 時間 30〜45分 ｜ 準備物 物語文・説明文

めあて

物語文の中の会話文に着目し、その会話文にこめられた思いについて考えます。

学習へのつながり

【中・高学年】会話文から、登場人物の心情やその変化、物語の中でその会話文がもつ意味などについて考えて、読み深めていきます。

タイミング

物語文・説明文の学習時に行います。

進め方（遊び方）

① 教師が「この物語の中で、『これは名言だ！』と思う会話文を1つ選んでください」と言います。

② 子どもは、物語文から選んだ会話文をノートに書きます。

③ 全体で発表し、板書します。

④ 出た会話文の中から投票で、ナンバーワン名言を決めます。

名言をタブレット上で提出します。提出したものをみんなで見ながら、交流することができます。

ワンポイント！

学習した物語文を再度読み、名言を考えることで、再び物語を会話文に着目しながら味わうことができます。そこからさらに、名言を決めたところから、詳細な読解につなげていくことができます。「どうしてそれをナンバーワン名言だと思ったの？」と問い返していきます。また、子どもたちから「こっちの方が名言だ！」という発言があれば、そこから議論していっても深めていくことができるでしょう。

160 アレンジ①　物語文バージョン

①をアレンジします。

実際に物語には出てこないが、その場面で登場人物が言いそうな名言を考えます。

161 アレンジ②　説明文バージョン

①をアレンジします。

筆者の主張を読み取り、筆者が言いそうな名言を考えます。

162 アレンジ③　自由バージョン

①をアレンジします。

日々の生活や、行事を通して感じたことを「〇〇（物語の登場人物）が言いそうな名言（風）」にします。

例：「卒業を前にした子どもたちに、与吉じいさが言いそうな名言」　など

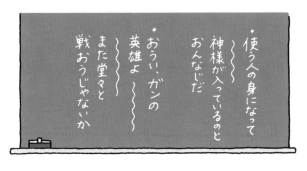

言葉

163 どんどん上れ！言葉の階段

👤 人数 **何人でも**　📍 場所 **教室**　🕐 時間 **5分**　📦 準備物 **ワークシート**

✏️ めあて

促音・拗音の言葉に親しみます。語彙を増やしていきます。

✏️ 学習へのつながり

【低学年】促音や拗音の学習をする際の、言葉探しにつなげていきます。
【中学年】気持ちを表す言葉などの言葉探しにつなげていきます。

✏️ タイミング

授業のはじめや、言葉の学習のときに行います。

✏️ 進め方（遊び方）

① 3〜10文字のマスを階段状にかいたワークシートを用意します。

② 教師が「ちっちゃい『つ』の つく言葉を階段ワークシート に書きましょう。時間は1分 です。用意スタート！」と言 います。

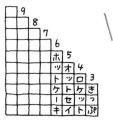

③ 8段のうち、たくさん埋める ことができた人が勝ちです。

<u>ワークシートをタブレットで配信 します。</u>

ワンポイント！

お題は、促音、拗音、濁音、半濁音、気持ちや動きを表す言葉でも取り組めます。制限時間は、子どもの実態に合わせて変えていきましょう。

164 アレンジ① 何段まで上がれるかな？バージョン

①をアレンジします。ワークシートを用意せず、ノートに3段から スタートします。「3文字の言葉」→「4文字の言葉」→「5文字 の言葉」→…と、制限時間内にどこまでいけるかを競い合います。

言葉

タブレットOK！

学年 低 中 高

165 言葉探しぴったんこ

| 人数 何人でも | 場所 教室 | 時間 15分 | 準備物 物語文・ビンゴの紙 |

めあて
物語文に出てくるさまざまな言葉に着目できます。

学習へのつながり
【低・中・高学年】その場面の言葉をていねいに読み、着目することによって、読解に生かしていくことができます。

タイミング
物語文の学習時に行います。

進め方（遊び方）
① 「物語の中から、（場合によっては場面を限定して）、動きを表す言葉を見つけてビンゴのマスに書きましょう」
② 該当の場面を音読し、ビンゴの用紙に言葉を書いていきます。
③ 教師もしくは、子どもたちから言葉を発表し、その言葉を書いていたら、「ぴったんこ！」と言って、丸をつける。たくさん丸がついた人の勝ちです。

ビンゴの用紙をタブレットで配信します。

ワンポイント！
心情の読み取りにつなげていくには、「様子を表す言葉」や「気持ちを表す言葉」をテーマにするとよいでしょう。また、色彩表現が豊かな物語文だと、「色を表す言葉」、オノマトペをよく使っている物語文だと、「オノマトペ」をテーマにするとよいでしょう。ただし、「該当する言葉がたくさんない！」ということがないように、あらかじめゲームが成立するか教師が試しておく必要があります。

166 国語記憶力試し！

| 👤 人数 何人でも | 📍 場所 教室 | ⏱ 時間 5分 | 📦 準備物 漢字や言葉のスライド・紙 |

✏️ めあて

漢字の定着、物語文・説明文の読解で着目させたい言葉の意味を知ることができます。

✏️ 学習へのつながり

【低・中・高学年】漢字や言葉に着目させることによって、今後の漢字や読解の学習につながります。

✏️ タイミング

漢字の学習時や、読解の学習時の単元の前半に行います。

✏️ 進め方（遊び方）

① クイズを用意します。

　プレゼンテーションソフトで、3〜5個の漢字、または学習していく物語文や説明文のキーワードのスライドを作っておきます。

② 教師が「今から画面にいくつか漢字（言葉）が現れます。それを覚えましょう。後でどんな漢字（言葉）が見えたか聞きます」

③ 子どもに1秒だけスライドを見せて、隠します。

④ 「どんな漢字（言葉）が見えた？」と聞きます。

⑤ 見えた言葉を発表させ、板書します。

> 漢　皿
> 　銀　号
> 次

ワンポイント！

1回ではわからなかったら、③を何回でもしてあげます。

「ノートに3回ずつ書きましょう」という指示を出し、漢字の学習を発展させることができます。また、「この言葉は何段落（何場面）のどこにある？」や「国語辞典で調べよう」とすると、読解の学習にもつながります。

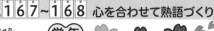

167 心を合わせて熟語づくり

人数 何人でも　場所 教室　時間 5分　準備物 タブレット

✏️ めあて

漢字を組み合わせて熟語を作り、語彙を増やします。

✏️ 学習へのつながり

漢字の読み書きの定着につなげていきます。

✏️ タイミング

朝の時間や、スキマ時間、国語の授業のはじめに行います。

✏️ 進め方（遊び方）

① 授業支援アプリを使い、タブレットに自分の好きな漢字を書きます。（漢字ドリルや、漢字の一覧表などをもとに、書く漢字を限定することも可）

② 画面一覧を提示し、作った熟語を言っていきます。教師は、その熟語を板書していきます。

③ 熟語を作るのに使った漢字を消していき、全部消えたら、クリア！

168 アレンジ①　何ポイントゲットできるかなバージョン

③をアレンジします。

③ 教師があらかじめ、ラッキー漢字（新出漢字・○○編の漢字など）を提示しておき、ラッキー漢字を使った熟語を作ったら、2ポイント。（それ以外は1ポイント）クラスで何ポイントゲットできるか、協力していく。

ワンポイント！

様々なアレンジが考えられるアクティビティです。子どもたちと一緒に、新しいルールを決めて、楽しんでいきましょう。

第 **9** 章

書 く

この章では、「書く」のアクティビティを集めています。書くことが得意な子もいれば、何を書いていいか悩む子もいます。書くことが苦手な子たちでも楽しむことができるアクティビティばかりです。楽しく子どもたちと書く活動をしませんか。

169 おもしろタイトル合戦

| 人数 何人でも | 場所 教室 | 時間 5〜15分 | 準備物 ノート |

✎ めあて

作文のタイトルに、こだわることができるようになります。

✎ 学習へのつながり

【低・中・高学年】作文を書く際に、こだわって題名をつけるという意識を持たせることができます。

✎ タイミング

日常的に取り組めます。特に、作文を書く前に行います。

✎ 進め方（遊び方）

① 教師が、「今日の日記を書くという想定で、おもしろタイトルを考えよう」と伝えます。

② 子どもは、日記のおもしろタイトルを考え、ノートに書きます。

③ 机の上におもしろタイトルを書いたノートを広げ、教室を自由に見回って友達のおもしろタイトルを見つけます。

④ 投票をして、おもしろタイトルナンバーワンを決定します。

<u>タイトルをタブレット上で提出します。提出したものをみんなで見ながら、交流することができます。</u>

ワンポイント！

作文を書く機会を多くとることが難しいです。「題名にこだわって！」などと声かけしますが、なかなか子どもたちは内容に手いっぱいで題名を工夫することができません。そこで、日常的にタイトルを考えることを、アクティビティを通して行っていきます。「『読んでみたい！』と思わせる題名がいいね」と声をかけます。

170 アレンジ① 今日の学びバージョン

日記のタイトルを「今日の授業のふり返り」にします。

①をアレンジします。

① 国語授業の最後に教師が、「授業のふり返り作文のタイトルを考えよう」と伝えます。

171 アレンジ② 行事作文バージョン

行事作文を「おもしろタイトル」で考えます。

行事作文を書く前、もしくは書いた後に、タイトルのみ取り出して、おもしろタイトルナンバーワンを決めます。

172 アレンジ③ おもしろ書き出しバージョン

タイトルではなく、書き出しだけを書いて、同様に行うことができます。

教師の目

なかなか日記や作文を書く時間をとれないものです。

「タイトル」や、「書き出し」など一部分だけを取り出して、少しでも書く経験を増やしていくことで、作文の質を高めたり、楽しんで取り組む姿勢を持たせたりすることができます。

書く

学年 低 中 高

173 なりきり川柳クイズ

| 👤人数 何人でも | 📍場所 教室 | ⏱時間 5分 | 📦準備物 ノート |

✏️ めあて
五・七・五のリズムに親しむことができます。

✏️ 学習へのつながり
【中・高学年】五・七・五の学習で、リズムを楽しめるようになります。

✏️ タイミング
五・七・五のリズムを学んだ後に行います。

✏️ 進め方（遊び方）
① 教師が、「今から先生は、あるものになりきって川柳をよみます。何になりきってよんだのか当ててね」と伝えます。なりきり川柳の話者が誰なのか、クイズ形式にします。

② （なりきり川柳をよんで）「何になりきったと思いますか」
例「みんながね　勉強するほど　真っ黒に」

③ 正解がわかった人は立っていきます。

④ 子どもたちが「せーの、〇〇（消しゴム）！」と答えを言います。

⑤ 正解を発表し、どの表現から正解が分かったのかを問います。

みんながね　勉強するほど　真っ黒に

なんだろう…

アレンジ

174 アレンジ①　子どもが出題者バージョン

①をアレンジします。

①　あらかじめ、子どもが何か身近なものになりきって川柳をノートに書き、出題者となります。

ノートの代わりにタブレットで取り組み、みんなで交流することができます。

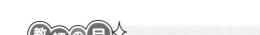

教師の目 ✦

五・七・五のリズムを楽しむために、生活の中で、授業の中で、様々な場面で取り入れていきましょう。また、音楽の教科書に載っているような、五七調や七五調の童謡に目を向けさせるのもおもしろいです。各学校の校歌を調べてみるのもおもしろいですよ。

175 30秒ふり返り

| 人数 何人でも | 場所 教室 | 時間 5分 | 準備物 ストップウォッチ |

✏️ めあて

授業をふり返る力をつけることができます。

✏️ 学習へのつながり

【低・中・高学年】授業をふり返り、今日学習した大切なことに改めて気づくことができます。

✏️ タイミング

授業の最後、まとめに行います。

✏️ 進め方（遊び方）

① 今日の授業でどのようなことを学習したかを思い出します。

② 思い出したことを30秒以内でまとめます。

③ みんなの前で発表します。

④ 30秒で発表できたら、拍手します。

第 10 章

読書・図書室

この章では、「読書」のアクティビティを集めています。読書は好き嫌いがはっきり分かれます。好きな子は永遠に読み続けることができますが、嫌いな子は全然読むことができません。どの子も取り組めるアクティビティで子どもたちと本に親しみませんか。

（図書館・図書室の表記を「図書室」で統一しています）

176 〇〇本探し

人数 何人でも ┃ 場所 図書室 ┃ 時間 30分 ┃ 準備物 本

めあて

多面的に情報を集めたり、NDCへの理解を深めたりすることができます。

学習へのつながり

【中学年】「図書館たんていだん」（光村図書3年上）の学習で、本の分類を学んだ後。

【高学年】「図書館を使いこなそう」（光村図書5年）の学習で、日本十進分類法を学んだ後。

実際に図書館を使ってみるという活動につなげていくことができます。

タイミング

図書の時間、図書室で学習するはじめの時期に行います。

進め方（遊び方）

① 教師が、「ねこに関係する本を1冊もってきましょう。ねこが出てきたら、どんな本でも構いません。5分です。用意スタート」と伝えます。

② 子どもたちが本を探しに行きます。

③ 時間が来たら、本のタイトル、NDC分類番号0〜10を1人ずつ発表します。

④ 教師は、番号を黒板に書いていきます。

⑤ 自分の選んだ本と友だちが選んだ本の違いを発表します。

本の写真をタブレットで撮り、選んだ理由をみんなで交流します。

ワンポイント！

「同じ『ねこ』のテーマでもたくさん情報を集めることができるね」「0〜10の分類、クラス全員で制覇しよう！」と始めると、意欲も高まります。

1 7 7 アレンジ①　私の夏休み本探し～本を通して友だちを知ろう～

①③をアレンジし、④⑤をなくします。

① 　探してくる本のテーマを、「わたしの夏休み（冬休み）」を表す
　　　本に変えます。

③ 　本の紹介とともに、自分の夏休みについても話します。

教師の目

各教科の学習に合わせて、「天気」「昆虫」「水」「米」「日本」「歴史」など
をテーマにすることができます。

情報を集めていくとき、多面的に情報を集められるようにしたいもので
す。「ねこのことは動物図鑑」という見方から、「それ以外のところからも
情報を集めることができる」という見方に、アクティビティを通して広げ
ていきましょう。

また、学年のはじめの図書館のオリエンテーションの活動にするこ
ともできます。

読書・図書室

読書

178〜179 読み聞かせイントロドン

学年 低 中 高

178 読み聞かせイントロドン

| 人数 何人でも | 場所 図書室・教室 | 時間 5分 | 準備物 本 |

✐ めあて

本に興味を持ち、どのような本でも読もうとする態度を養います。

✐ 学習へのつながり

【低・中・高学年】本を読むという習慣を身につけます。

✐ タイミング

朝の時間や、すきま時間に行います。

✐ 進め方（遊び方）

① 教師が、「『読み聞かせイントロドン』をします」と言います。

② 全員で「読み聞かせイントロドン！」と声をそろえて言います。

③ 教師が「昔、昔……」と、本の冒頭を読み始める。

④ 子どもは、何の本かわかったら手を挙げ、その本のタイトルを発表します。

⑤ 正解ならみんなで拍手！
不正解なら続きを読みます。（正解まで続ける）

179 アレンジ① 準備バージョン

みんなが知っている本で、「読み聞かせイントロドン」を行います。
①の前に追加します。

① 読み聞かせイントロドンを行うために、読み聞かせイントロドンで使用する絵本や本を紹介します。

② 期日までにそれらの本を読んでおくように伝えます。

第 **11** 章

読 解 力

この章は、「読解力」のアクティビティを集めています。読解の土台となる「読みの構え」をつくります。「音読する」「自分の考えを書く」「交流する」……読解の授業の流れにアクセントをつける活動をしてみませんか。

180 丸の数を数えましょう

人数 何人でも　**場所** 教室　**時間** 5〜10分　**準備物** 説明文

めあて

句点を数えることで、形式段落が何文構成になっているか確かめます。

学習へのつながり

【低学年】文とは、直前の文の「。」の次の文字から、「。」までが1文であることを教えることができます。

【中・高学年】説明文の形式段落の中心文を見つけるときには、形式段落が何文で構成されているかをあらかじめ数えておくことの大切さがわかります。

タイミング

説明文の学習の前に行います。

進め方(遊び方)

① あらかじめ、学習する説明文に形式段落番号をつけておきます。

② 教師が「今から〇段落の丸(句点)の数を数えます。数がわかったら、静かに手を挙げましょう」と伝えます。

③ 子どもは、指定された段落の句点の数を数えます。

④ 全員の手が挙がったら、「せ〜ので!」で全員が丸の数を言います。

⑤ 全員で正解を確かめます。

⑥ 正しく数えることができた人に拍手!

ワンポイント!

「文字」→「言葉」→「文」→「形式段落」→「意味段落」→「はじめ・中・おわり」→「文章」といったように、文章の中には、さまざまなまとまりが存在することを意識させることが大切です。

181 アレンジ① 丸が1番多い段落を探せ！バージョン

全形式段落の丸の数を数えていきます。

②をアレンジします。

②　教師が「今から、この文の丸（句点）の数を数えます。丸の数が一番多い段落とその数がわかったら、静かに手を挙げましょう」と伝えます。

182 アレンジ② 中心文はどこ？バージョン

⑤の後に加えます。

⑥　教師が「中心文はどこですか？」と発問します。

⑦　全員で交流します。

ワンポイント

形式段落が3文構成になっているのなら、3文の中で「まとめ」になっている形式段落を見つけます。「すがたをかえる大豆」（光村図書）「かるた」（光村図書）など、わかりやすい構成になっている説明文の学習において有効です。

遊び感覚で「。」の数を数えていくことで、自然に文意識が高まっていきます。

183 「〇〇」って言うゲーム

人数 何人でも ／ 場所 教室 ／ 時間 5〜15分 ／ 準備物 なし

✏️ めあて

感嘆詞や短い言葉にもこだわって音読できるようになります。

✏️ 学習へのつながり

【低学年】物語文「お手紙」で、前半の『ああ。いちども。』と後半の『ああ。』という2つの会話文があります。これらの2つにこめられた心情が音読で表現できるようにしていきます。

【中学年】「ごんぎつね」の『おや。』の音読表現につながります。

【高学年】「大造じいさんとがん」の『ううむ。』や『ううん。』の音読表現につながります。

✏️ タイミング

物語文の音読の仕方を工夫させたいときに行います。

✏️ 進め方（遊び方）

① 教師が「今から2つの『はあ』を演技します。どんなときの『はあ』か、当ててね」と伝えます。「Aは、学校から家に帰ろうとして、門を出たけど忘れ物に気づいたときの『はあ』。Bは、たからくじがはずれてしまったときの『はあ』です」

② 教師が、2つの『はあ』を演じます。

③ 「Aはどちらでしょう？」と聞きます。

④ 子どもは、1回目か2回目かどっちの『はあ』なのか答えます。

⑤ 「みんなならこのとき、どんな『はあ』になる？」と発問します。

⑥ 「今度は、先生のかわりに前で演技してくれる人？」と指名します。

ワンポイント！

子どもたちにわかりやすい「はあ」のシチュエーションや、微妙な違いのシチュエーションをいくつか用意しましょう。

アレンジ

183~187 「○○」って言うゲーム

184 アレンジ① 「あれ？」って言うゲーム

「はあ」を「あれ？」に変えて行います。

例　A：自信のあった算数の問題の答えをまちがえたときの「あれ？」
　　B：ここに置いてあったはずのものがなかったときの「あれ？」

185 アレンジ② 「おお！」って言うゲーム

「はあ」を「おお！」に変えて行います。

例　A：友だちがピアノの発表会で優勝したと聞いたときの「おお！」
　　B：急に目の前をねこが横切ったときの「おお！」

186 アレンジ③ 「マジで！？」って言うゲーム

「はあ」を「マジで！？」に変えて行います。

例　A：自分が欲しかったゲームを、友だちが買ってもらったという話を聞いたときの「マジで！？」
　　B：録画したはずの番組が、録画できていなかったときの「マジで！？」

187 アレンジ④ 自分たちで決めた「○○」って言うゲーム

「○○」に入る言葉を自分たちで決めて行います。

「同じ言葉でも、読み方によって伝わり方が変わりますね」
「音読のときも、聞く人への伝わり方を意識していけるといいですね」と声をかけて終わるようにしましょう。
また、物語文の中で、教師がこだわらせたい会話文をピックアップしておくことも大切です。
読解の学習の最中に、「『ううむ！』っていうゲームをしよう！」とつなげていくことができます。
オンライン上でも取り組むことができるゲームです。
自分たちの演技をビデオに撮り、後から見ると盛り上がります。

読解力

読解力

学年 低 中 高

188 変容を探せ！

人数 何人でも ｜ 場所 教室 ｜ 時間 10〜15分 ｜ 準備物 絵本

🖊 めあて

絵本のお話に出てくる中心人物の変容をとらえます。

🖊 学習へのつながり

【中学年】物語のはじめとおわりとでは、中心人物が変容するもので
あるという読みの構えを作ります。

【高学年】中学年で学んできた、中心人物の変容の復習をし、高学年
の物語の学習へと向かっていきます。

🖊 タイミング

物語の授業で、「中心人物の変容」を学ぶ前、もしくは後の確認する
段階で行います。

🖊 進め方（遊び方）

① 中心人物の変容について確認します。

「物語に出てくる中心人物は、マイナスがプラスに変わっていくね」

② 教師が絵本の読み聞かせをします。

③ もう一度絵本の読み聞かせをし、中心人物が変容したと思うとこ
ろで手を挙げます。

ワンポイント！

黒板にマイナスとプラスを書き、変容を図式化すると、理解しやすいで
す。また、変容がはっきりしているお話を選ぶとよいでしょう。

146

189 アレンジ① 続きはどうなる？バージョン

読み聞かせのクライマックス場面の途中まで進めて、「続きはどうなるでしょう？」と続きを想像させます。

その際、はじめの「中心人物のマイナス」を確認し、どんな「プラス」に変容するのかを確認します。

190 アレンジ② きっかけは何だ？バージョン

①②③をアレンジします。高学年となると、中心人物の変容したきっかけをつかませていきましょう。

① 読み聞かせをする前に、「今日は中心人物が変容したきっかけを考えながら聞いてね」と一声かける。

② 読み聞かせが終わったら、中心人物の変容を確かめる。

③ もう一度読み聞かせをし、きっかけだと思ったところで手を挙げます。

191 アレンジ③ 変容を伝え合おうバージョン

中心人物の変容が読み取れる本を各自が選び、ペアで読み聞かせし合いながら、変容を伝え合います。

「どんな変容があったか」ということを頭に入れながら、読み聞かせを聞くというだけで充分です。時間がたくさん取れるときには、「どんな変容だったのか」「きっかけは何か」などを、議論してもいいでしょう。

読解力

147

192 読み聞かせクイズ

人数 **何人でも** | 場所 **教室** | 時間 **5〜10分** | 準備物 **絵本**

✏️ めあて
絵本の読み聞かせを通して、物語の学習を読む構えを作ります。

✏️ 学習へのつながり
【低学年】時・場・人物に気をつけて物語文を読む構えを作ることができます。

【中・高学年】中心人物とその変容に気をつけて読む構えを作ることができます。

✏️ タイミング
物語文の学習時、授業のはじめに行います。

✏️ 進め方（遊び方）
① 教師が「今から絵本を読みます。読み終わったら、登場人物をたずねますよ」と伝えます。
② 教師が、読み聞かせをします。
③ 「登場人物は誰ですか」と発問します。
④ わかったら手を挙げて発表し、板書していきます。
（もしくは、3択クイズにします）
板書の代わりに、タブレットに書いて提出します。提出したものをみんなで見ながら、交流することができます。

ワンポイント！
たくさんの登場人物が登場する際には、「1人でもいいから答えられるようにしようね」とハードルを下げておきます。また、登場人物とは何かという登場人物の定義をクラス全体で確かめておきましょう。

193 アレンジ①　コンプリートバージョン

④をアレンジします。

登場人物を板書していき、すべての登場人物を見つけることができ
たら、コンプリート！

194 アレンジ②　変容バージョン

変容に焦点を当てたクイズをします。

物語とは、はじめは（マイナス）だった中心人物が、（プラス）に
なる話であると確かめておきます。「中心人物はだれ？」
「はじめにどんなマイナスがあった？」「最後は、どうプラスに変
わった？」などのクイズを行います。

195 アレンジ③　続きを当てましょうバージョン

お話の山場の前で読み聞かせを中断し、「次はどうなっていくと思
う？」と予想させます。その際、ただの予想にならないように、中
心人物は誰か、中心人物は変容するなどの基本的な読みの視点を押
さえておきましょう。

196 アレンジ④　ファンタジー作品クイズバージョン

典型的なファンタジー作品の構成をもった話で行います。中心人物
はどこから不思議の世界へ入り、どこから現実世界へ戻るのかとい
うことを考えます。ファンタジー作品を学習する前後に行うこと
で、ファンタジ 作品を読む構えをもつことができたり、ファンタ
ジー作品の読み方の復習になったりします。

読解力

読解力　　学年 低 中 高

197 題名クイズ大会

| 人数 何人でも | 場所 教室 | 時間 5〜10分 | 準備物 ノート |

めあて
題名から想像したクイズを楽しく作ることができます。

学習へのつながり
【低・中・高学年】題名から想像できることを考えた上で、本文の読解を進めていきます。

タイミング
物語文、説明文の学習時、授業のはじめに行います。

進め方（遊び方）
① 物語文（もしくは説明文）の題名を見ます。
② 題名から思いついたことをクイズにします。
③ クイズ大会をみんなで行います。
作ったクイズをタブレット上で送信し、そのクイズを解き合います。

読解力

198 題名連想10(テン)

198 題名連想10(テン)

👤 人数 何人でも　📍 場所 教室　⏰ 時間 5分　📦 準備物 ノート

✏️ めあて

題名から楽しく連想することができます。

✏️ 学習へのつながり

【低・中・高学年】題名から連想できることを考えた上で、本文の読解を進めていきます。

✏️ タイミング

物語文、説明文の学習時、授業のはじめに行います。

✏️ 進め方（遊び方）

① 物語文（もしくは説明文）の題名を見ます。

② 題名から連想したことを10個書きます。

③ グループで交流します。

連想したことをタブレット上で送信し、全体で交流します。

199 逆意味調べ

人数 何人でも ｜ 場所 教室 ｜ 時間 5分 ｜ 準備物 学習する文

めあて
読解に必要な言葉の意味を、クイズを通して知ることができます。

学習へのつながり
【低・中・高学年】読解に必要な言葉の意味を知った上で、本文の読解に進めていきます。

タイミング
読解の学習の前に行います。

進め方（遊び方）
① 教師が、子どもたちがつまずきそうな言葉を、あらかじめピックアップして、その言葉を辞書で調べておきます。
② 教師が「○○という意味の言葉を本文から探しましょう」とクイズをします。
③ 教師が正解を発表し、文脈の中で理解させていきます。

ワンポイント！
本文全体から探すのが困難な子どもの実態がある場合や、本文が長い場合は、「○場面から探してね」「○段落から探してね」と、範囲を指定して、探しやすくしていきましょう。

200 アレンジ①　3択クイズバージョン

②をアレンジします。

② 教師が「〇〇という意味の言葉は、次の3つのうちどれでしょう」
とクイズをします。

ワンポイント

199のアクティビティと同様の進め方ですが、3択クイズにして
提示します。

子どもたちが新しい文章を読むとき、意味を把握できない言葉に出合いま
す。それらの言葉を国語辞典で調べる活動があります。

しかし、毎回となると飽きが出てきたり、時間も十分にとれなかったりし
ます。そんなときは、あらかじめ教師が難しい言葉をピックアップ
しておき、クイズ形式にして提示してみましょう。

おわりに

　本書をご覧いただき、ありがとうございました。

　新型コロナ感染症拡大防止の観点から、授業中における子どもたちの活動も制限されています。友達同士触れ合ったり、気をつかわずに大きな声を出したりすることができません。制限ばかりに目が向いてしまうと、楽しい活動を取り入れることが億劫になってしまいます。だからこそ、アクティビティを取り入れて、少しでも子どもたちの気持ちが高まるきっかけにしていきたいと思っています。

　さらには、一人一台端末が普及し、授業のあり方も変わろうとしています。

　タブレット端末の導入で、「算数・国語アクティビティ200」も、幅が広がることは間違いありません。本書をもとにして、みなさん自身で、子どもたちが楽しく学べるアクティビティを、どんどん開発していっていただければ、こんなに嬉しいことはありません。

　どんな時代になろうと、「教科のねらいにせまる」「子どもたちが楽しく学ぶ」という本質が変わることはありません。

　どんな状況になろうと、私たちのやっていくことも変わりません。

　最後になりましたが、コロナ禍の全国の子どもたちや先生方のために、この企画を共に進めてくださったフォーラム・Aの藤原幸祐様に、この場をお借りして感謝の気持ちを述べたいと思います。ありがとうございました。

　本質を見失わずに、明日も明後日も、子どもたちが愉しく学べるために。

佐藤　司

参考文献

- 『「頭ほぐし」の学習ベスト50―はじめの5分で頭の準備運動を！』
  阿部隆幸編著／学事出版／2014年刊行

- 『クラス全員がひとつになる学級ゲーム＆アクティビティ100』
  甲斐崎博史著／ナツメ社／2013年刊行

- 『クラスのつながりを強くする！ 学級レク＆アイスブレイク事典』
  弥延浩史著／明治図書出版社／2017年刊行

- 『クラスを最高の雰囲気にする！ 目的別学級＆授業アイスブレイク50 たった5
  分でアクティブ・ラーニングを盛り上げる！』
  赤坂真二編著／明治図書出版社／2017年刊行

- 『月刊 新しい算数研究　2018年5月号』
  新算数教育研究会／東洋館出版社／2018年刊行

- 『算数授業研究　VOL.101―特集　とりあえず「できる」より，まず「好き」
  に!! 算数好きを増やすこだわりのピカイチ授業アイデア55―』
  筑波大学附属小学校算数研究部／東洋館出版社／2015年刊行

- 『ゼロから学べる小学校算数科授業づくり』
  久保田健祐編著／明治図書出版社／2016年刊行

- 『誰でもできる算数あそび60』
  算数あそび研究会著／東洋館出版社／2015年刊行

- 『発問上達法』
  大西忠治著／民衆社／1998年刊行

参考文献

・『小学校国語　クラス全員が熱中する！話す力・書く力をぐんぐん高めるレシピ50』
　弥延　浩史／明治図書出版／2014年刊

・『場面や目的に応じた１分・３分・５分でできる学級あそび　105』
　菊池　省三／喜楽研／2019年刊

・『論理的思考力を鍛える超シンプルトレーニング―人気国語塾発！「３つの型」で驚異の効果！』
　福嶋　隆史／明治図書出版／2010年刊

教材・教具
・『はぁって言うゲーム』
　米光　一成：ゲームデザイン／白坂　翔（JELLY JELLY GAMES）：企画／幻冬舎edu

樋口　万太郎（ひぐち　まんたろう）

1983年大阪府生まれ。
大阪府公立小学校、大阪教育大学附属池田小学校を経て、
2016年より京都教育大学附属桃山小学校教諭。
「笑顔」「子どもに力がつくならなんでもいい！」「自分が嫌
だった授業を再生産するな」をモットーに日々の授業を行っ
ている。

全国算数授業研究会　幹事
関西算数授業研究会　会長
授業力＆学級づくり研究会　事務局
LEG Hokusetsu　代表
学校図書教科書「小学校算数」　編集委員

【著書や編著】
「子どもの問いからはじまる授業！」「これでどの子も文章題に立ち向かえる！
算数授業づくり」（学陽書房）「そのひと言で授業・子供が変わる！算数７つの
決めゼリフ」（東洋館出版社）「『あそび＋学び』で、楽しく深く学べる　算数
アクティビティ200」（フォーラム・A）他多数

佐藤　司（さとう　つかさ）

1982年大阪府生まれ。
大阪府公立小学校勤務。
「わかった！」「できた！」の積み重ねで、「国語が好き！」
という子どもを育てたいという思いをもって、国語の授業を
行っている。

夢の国語授業づくり研究会　幹事
関西で国語の授業を研究する会　事務局

【共著】
「『あそび＋学び』で、楽しく深く学べる　国語アクティビティ200」（フォー
ラム・A）「小学校国語説明文の授業技術大全」「365日の全授業小学校４年」
「授業力＆学級経営力」（明治図書）「子どもがどんどんやる気になる国語教室
づくりの極意　国語授業編」（東洋館出版社）他多数

密にならずに、楽しく学べる
算数・国語アクティビティ200 SELECT

2021年9月10日　初版　第1刷発行

著　者　　樋 口 万太郎・佐 藤　　司　©2021
発 行 者　　蒔 田 司 郎
発 行 所　　フォーラム・A企画
　　　　　　〒530-0056　大阪市北区兎我野町15-13
　　　　　　TEL　(06) 6365-5606
　　　　　　FAX　(06) 6365-5607
　　　　　　振替　00970-3-127184

デザイン　　　　ウエナカデザイン事務所
イラスト　　　　むかいえり
印　　刷　　　　尼崎印刷株式会社
製　　本　　　　株式会社高廣製本
制作編集担当　　藤原幸祐

ISBN978-4-86708-045-0　C0037
乱丁・落丁本は、送料小社負担にてお取り替え致します。